20 世纪中国图书馆学文库·3

图书馆简说

蔡莹 编

图书馆学术讲稿

戴志骞 著

國 國家圖書館出版社

图书馆简说

蔡莹 编

本书初版于 1922 年 12 月，据中华书局 1935 年 4 月 8 版排印（原书无标点符号，编者后加）

目　次

绪言第一

上古之世，学术在官。考其所以在官之故，则以文字始创，推行未广，漆文竹简，冗重艰难，民间藏书，势实有所未能。其后周道陵夷，官失其守，诸子百家，一时并起，古代学术遂得流传。及秦政愚民，燔诗书百家语，然所烧者，乃民间之私藏，观其以吏为师，犹古代学术在官之意。至项羽肆凶，咸阳一炬，典籍遂遭浩劫。汉兴，除挟书之律，广献书之路，掇拾残灰，搜罗渐富。此后历朝，各有藏书，多者数万卷，少亦数千卷。然雕版未行之前，楮墨之功，虽已简约，而缮写不易。非帝王富贵之家，不能聚书。自有刊本，即民间藏书，见诸记载者，亦复指不胜屈矣。

若夫近代，学术日益繁，刊印日益便。文字之不足，继之以图画。一国语言文字之不足，继之以他国之语言文字。书籍之夥，真可汗牛充栋。吾人处今日，无论研究何种学问，要皆有应备之书。以视昔人之求书不得，其难易之相去，奚翅霄壤。虽然，一人之财力有限，势不能遍购群籍，一人之精力亦有限，更不能遍读群书，于是有图书馆之设。图书馆者,收罗群籍,整理排比,使成有系统之组织,以供学者之搜讨也。其制实与古异。昔人藏书,或以古书精本,不易多得,思所以保存之,或以性好聚书,坐拥百城,自矜富有。而今之图书馆,旨趣与此迥别。其唯一之目的,在供公众之研究。不徒以庋藏为能事,而以应用为急务者也。

尝考图书馆之用有二,一以辅助学校之教育,一以普及社会之知识。试分论之。专门学者,研究一事一物,要必博极群书,而后可以融会贯通,惟有图书馆。故古今思想之变迁,中外学术之趋向,咸得了然在目。此其理甚明,无待赘述。若夫大学以下,以至于小学,图书馆之设,亦必不容缓。何以言之?学校科目,若仅恃一二课本,则学生所得,宁不有限。课室之外,必备参考书籍,可以补课室教本之所不及,可以增课外读书之乐趣。久而久之,自成习惯。此欧美各国所以更为儿童设立图书专馆也。以上仅就学生一方面而言。至于教员,更非有充分之参考图书不可。教员万能之迷信,在今日已尽人皆知其非。其教授学生,原不过本一己之所得,为诸生之指导,搜集教材,端赖图书,故曰图书馆足以辅助学校之教育也。更言社会所得之利,古者匡衡佣于富室,尽读其书,卒成大儒。公共图书馆足为一般失学者之助,利用余暇,以从事读书。况吾国社会,最无公共消遣之所。茶室酒肆,无益身心。惟图书馆可以涵养其性情,增进其学问,陶冶其品格。故曰图书馆足以普及社会之智识也。

图书馆之种类不一,就其经费上言之,则有公立私立之别。就其性质上言之,则有普通专门之别。普通图书馆,所以供一般社会人士之用。其所藏书籍,范围自较广泛。选购之时,一以公众之需要为标准。至于专门图书馆,种类至为繁博。晚近图书馆事业,日益发达,例如儿童有儿童之专馆,各科有各科之专馆。采购图书,要皆预定目的也。

试就管理方法而区别其种类,则又有公开与非公开之分。公开图书馆,大率出于公立。非公开之图书馆,则或由私人创办,或由团体设立。然私人或团体所设,亦有公开者,不可一概而论。惟公开之馆,事业较广,书籍出入,职务繁重,即设备方面,亦与私立之馆不同,此其大别也。

分类第二

图书分部,创于刘歆,班氏承之,为艺文志。至于荀勖,始有四部之目,其后唐以经史子集,别为四库,宋代六阁,盖增天文图书二部。元明而后,仍唐之旧,及清修四库全书,四部之名始定。然四部之分,颇易相混,即古人分合之例,亦各执一说,未能尽同。况近代学术,日趋繁赜。四部之称,更难统摄乎。各国图书分类之法,亦互有异同,最通行者,为杜氏(Dewey)十类法(Decimal Classification)、克氏(Cutter)展列法(Expansive Classification)。录其总目如后。

杜氏十类法

○○○　普通书籍类
　○一○　目录学
　○二○　图书馆学
　○三○　百科全书
　○四○　丛书

○五○　杂志　杂志之属于专门学科者，各从其类。

○六○　会社丛刊

○七○　日刊

○八○　特种图书馆学

○九○　特种书籍　古书精本入此目。

一○○　哲学类

一一○　形而上学

一二○　形而上学专论

一三○　心理身理合论

一四○　哲学派别　讨论派别之书入此目，哲学专书入一八○、一九○。

一五○　心理学

一六○　逻辑学

一七○　伦理学

一八○　古代哲学家

一九○　近代哲学家　全集入上两目，分集各从其目。

二○○　宗教类

二一○　自然神学

二二○　圣经

二三○　教义

二四○　宗教典礼

二五〇　传道事业

二六〇　教会组织

二七〇　宗教史

二八〇　耶教派别

二九〇　各种宗教

三〇〇　社会学类

三一〇　统计学　统计学说入此目。特种统计，各从其类。

三二〇　政治学

三三〇　政治经济学

三四〇　法律

三五〇　行政

三六〇　社会组织

三七〇　教育学

三八〇　商务及交通　铁道国有问题等入此目，参阅六五〇。

三九〇　风俗　讨论各个问题之书入此目，各国风俗入九一三、九一九，惟讨论一国特种风俗问题之书仍入此。

四〇〇　方言学类　字典之兼两种方言者，分目时入较不著名之一种。兼数种方言，入四一〇，或入最不著名之一种。

四一〇　比较方言学

6

四二〇　英文

四三〇　德文

四四〇　法文

四五〇　意文

四六〇　西班牙文

四七〇　拉丁文

四八〇　希腊文

四九〇　各国文

五〇〇　自然科学类

五一〇　数学

五二〇　天文

五三〇　物理

五四〇　化学

五五〇　地质学

五六〇　古代生物学

五七〇　生物学　动植物学合论之书入此目。

五八〇　植物学

五九〇　动物学

六〇〇　技艺类

六一〇　医学

六二〇　机械工程

六三〇　农学

六四〇　家政学

六五〇　　交通及商业　　铁路、汽船、管理方法、开行时刻等入此目。参阅三八〇。

六六〇　　化学工艺

六七〇　　制造事业　　五金木料制造方法入此目。特种制造，各从其目。无目可分者仍入此。

六八〇　　机器商业

六九〇　　建筑事业　　工程方面入此目。美术方面参阅七二〇。

七〇〇　　美术类

七一〇　　园艺

七二〇　　建筑美术

七三〇　　雕刻

七四〇　　图案

七五〇　　油画

七六〇　　印刷

七七〇　　摄影

七八〇　　音乐

七九〇　　娱乐

八〇〇　　文学类

八一〇　　美国文学

八二〇　　英国文学

八三〇　　德国文学

八四〇　　法国文学

八五〇　意国文学

八六〇　西班牙文学

八七〇　拉丁文学

八八〇　希腊文学

八九〇　各国文学　小说有不分国别者,或用下一字记之,或竟不用,排列依字母之序。

九〇〇　史学类　战史列入被侵之国。

九一〇　地理

九二〇　传记

九三〇　古代史

九四〇　欧洲近代史

九五〇　亚洲近代史

九六〇　非洲近代史

九七〇　北美洲近代史

九八〇　南美洲近代史

九九〇　大洋洲及南北极史

克氏展列法

A　　普通书籍

Ap　　杂志

Ar　　参考书

As　　会社丛刊

B　　哲学

| Bh | 逻辑学 |
| C | 耶教 |

Bh　　逻辑学

Bi　　心理学

Bm　　伦理学

Br　　宗教

C　　耶教

D　　教会史

E　　传记

F　　古史

G　　地理地图游记风俗史

H　　社会科学

Hb　　统计学

Hc　　经济学

Hf　　商学

Ht　　财政

I　　社会问题

Ik　　教育

J　　政治

K　　法律

L　　天然科学

Lb　　数学

Lh　　物理

Lo　　化学

Lr　　天文

M	博物史
Mg	地质学
My	生物学
N	植物学
O	动物学
Pw	人种学
Q	医学
R	美术
Rd	采矿冶金学
Rg	农学
Rt	电气化学工业
Ry	家政学
S	机器工程建筑工程
T	制造及手艺
U	军事学
V	体育及娱乐
Vv	音乐
W	图案及模型
We	园艺
Wf	建筑美术
Wj	雕刻
Wp	图画
Wq	制版术

Wr	摄影术
X	方言学
Y	文学
Yf	小说
Z	图书总说
Zp	图书馆学
Zt	目录学
Zy	文学史

上表尚可求简。Ar 可并入 A。Bm 可并入 B。Hb、Hc、Hf、Ht 可并入 H。Lo、Lr 可并入 Lh。Rd、Rg、Rt、Ry、S、T 可并入 R。We、Wf、Wj、Wp、Wq、Wr 可并入 W。Zp、Zt、Zy 可并入 Z。

史地两项，宜依地名区分。余则可分可不分。原有地名表，为数五百又五。每数专指一地，兹择要录之。

三〇	欧洲
六〇	亚洲
七〇	非洲
八〇	美洲

上述两端，杜氏之法，提纲挈领，便于检寻。克氏之法，随意伸缩，颇称详尽。较诸吾国四部之分，范围既较广博，方法亦较缜密。将来吾国图书馆事业，日益发展，欲以科学之方法，整理群籍，则两氏之说，颇有可采。惟杜氏十类，吾国书籍，不占重要地位，例如方言文学诸类，

吾国之文,仅仅列入各国文中,采用之时,颇感不便。克氏之法,亦以字母排列,更非吾人所习。果欲用以分类,非略加变易不可。近日图书馆专家,颇有从事于此,以订立公同分类方法者,是诚吾国图书馆事业之最要职务也。

子目第三

书籍分类，已如上述。然仅有总目（Class Number），犹未便于检寻也，故必有子目（Book Number），以别所藏书籍之属于同类者。总目犹人之有姓，而子目则人之字号也。子目之分，其法亦不尽同。有仅就馆中所有同类书籍，逐一排比者，例如九四二——一为馆中所藏英史之第一书，九四二——二为馆中所藏英史之第二书是也。较详者则以著者之姓氏为次序。其在泰西各国，则依姓氏之首一字母为先后。例如九四二——G一为某著者之第一书。九四二——G二为第二书是。最盛行者，则以著者姓氏，依出版先后排列，规模宏大之图书馆，卷帙浩繁，自以此法为最完美。大概文学一类，检查之际，最重著者姓氏，必依姓氏编次，而后可以一目了然。传记一部，应以所传之人为分目之序，著者姓氏，不关重要。若夫自传，则直书姓氏可矣。

登载第四

　　书籍既已分类，又列子目，其次便当登载。先备巨册，为藏书总录（Accession Book）。每一书至，先辨其应入何类。然后以总目子目号数，写入书面后页。同类之书，尽归一处，逐一填入总册。册分行格，每行各有号数，连贯而下。或印成，或自填。其式如下。

日期	十一年十二月
号数	一　二　三　四　五
著者名	周守一
书名	华盛顿会议小史
书架	丁
出版书肆	上海中华书局
出版岁月	十一年十一月初版
来原	自购
定价	一元五角
实价	一元三角五分
装订	纸面洋装

备注 　　　　新世纪丛书之一

大概总册号数,多写于书面之后第一页之上,以备检寻。总册之用甚广。一、册中列有号目,藏书册数,一览即知,如有遗失,不难点检。一、册中注明书价,总值若干,易于估计。例如保险之时,以总册为标准,不劳估测。故馆中不可不备也。

目录第五

吾人检查书籍,或仅知书名,或仅知作者之名,或两者均无所知,但欲就所研究之问题,搜寻参考之资料,故图书馆中,不能不编纂目录,以应阅者之需要。目录之最简者为抄录之本,其次则付书肆排印,然均非持久之道。设馆中图书,有增无已,历时既久,势必添写附录,自一册而二册三册,册数既多,检查益难。每觅一书,或须遍检各册,始得其名,耗费时间,莫此为甚。况添写附录,亦非一朝一夕之事,多或年余,少则数月,而旧目已经写定之后,新目未经编纂之前,其中必有一时间。馆中所有新到之书,无可检寻矣。然写本亦非全不可取。写成之后,得其一编,虽在远地,亦可知馆中所藏之书,此亦利便之一端也。

编印目录而外,尚有一法,最为完美。各国图书馆,无不采用。法以书名,分写洁白纸片之上,每书一纸,纸之制,与近今所用名刺相同,惟较大耳(看下页图)。

纸片阔五英寸,长三英寸。纸之厚薄,亦宜斟酌,过厚则占地位,过薄则易损坏。厚薄适中,方能合用。美国有专制此者,大小全国一律,每千纸约值美金两元。馆中所需纸片之数,视图书多寡目录详简而定。极少每书两纸,一片写书名,一片写著者之名。后当详论之。

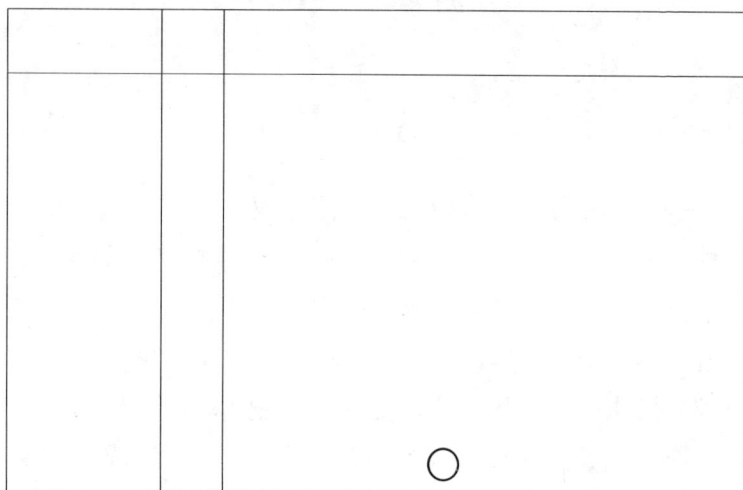

纸片之下有小孔,盖备装入目录总匣之用。凡目录之匣,必有圆形铁条,横贯其中,以便纸片列入,故各片相连,不致分散。检寻之时,次序亦不纷乱。匣之大小,一如纸片,片在匣内,只能前后移动,不能左右横抽。匣之高低,亦宜与纸片等,则检视各片,有光可见。匣中又应备枕木一方,纸片斜覆其上,较为便利,其制略如下页上图。

图书馆之规模宏大者,目录之匣俱用架,如下页下图。

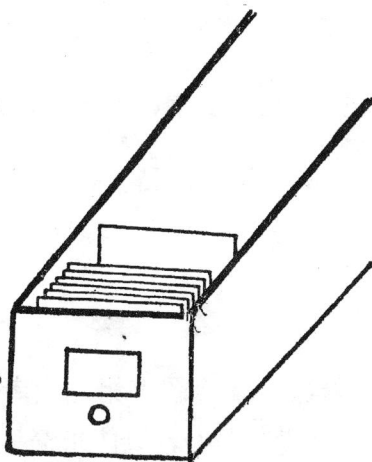

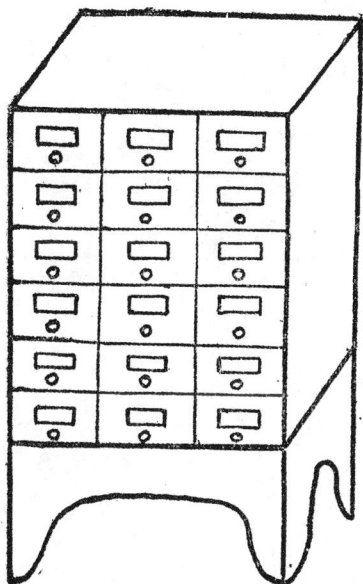

编目第六

编目之法,繁简不同。图书馆之大者,书籍多,馆员众,编目之时,不厌其详。小者只能求简,取其适用而已。兹略举编目之例如下。

例一　著者名

839.8266	易卜生
1	社会柱石 一九一〇年……出版

例二 书名

811.49		王尔德诗集
5	王尔德著 二册 一九〇六年……出版 ○	

例三 类名

330		经济学
543	施家珥著 经济学简说 一九〇九年……出版 ○	

凡两人或两人以上同著一书,第一人写如前例。另以纸片,写余人之名,以供参考。凡一书而内容丰富,种类不同者,亦如之。

目录之简者，书本大小，卷帙多寡，亦可不记，惟过小或过重，或中有特异之点，始有注明之必要。大概百页以外，五百页以内，为普通形式，无须添注也。大小亦以普通书籍为标准，过大过小则录之。

凡书中图画几页，可以不必写明，传记之有图像者，亦可从略。惟名家手笔，宜写入备查。出版地点，非精本亦可从略。出版年月初版再版等项，以注明为是。册数不可不写明，以便检查。如书为丛书体裁，如短篇小说剧本之类，合订一处者，均宜详载，即使每种各有目录，亦不应从略也。

分类编目之时，需用参考书籍，庶某书入某类，不致误列。其在各国，图书馆联合会，多有出版书目。至于君国，则四库目录、书目答问诸书，亦不可不备。分目之时，或可供参考之用也。

书籍既已分类，写成目录，其次即应研究编排之法，最通行者为字典编排法。书名类名著者名之纸片，逐一写就，依字母之次序编排之，则检查之时，或仅知书名，或仅知著者之名，或仅知种类之名，均可检寻，便利无比也。

吾国图书馆，欲采用字典编排之制，则舍依字画为次序外，尚无善法。异日注音字母，推行渐广，图书馆中，排比之时，采而用之，或较便捷。然在今日，或未可遽行也。

入架第七

图书馆中,每年必当将庋藏书籍,点检一过,视其有无遗失。此犹商人设肆,肆中货物,每年必加点查也。大概架上之书,依类排比,自一而十而百,各有次序,检点之时,可备一单(Shelf – List)。单上所列各书,亦依类为序,且查且阅,最为便捷。单之制不一,其用誊录之纸者,不加装订,庶将来可以添入新纸,以备不足。写后用夹,防其散佚,亦有用纸片者,式与上述纸片,大致相同。用时亦装入匣中也。填写纸片之法,略如下例。

分类号数	总录号数	册数	著者名	书 名
320 – 73	976	1	白鲁士	美国共和制度考

排列方法,依分类号数,故三二〇之书籍,均在一处。三二〇者,政治学也。

填写此种纸片,最宜敏捷。入架之前,先录大概。不可待诸日后,重行填写,盖偶一遗忘,将来检查之时,便无可考也。检查之期,宜择借书最少之时为之。庶书籍俱在架上，便于寻觅。如有两人，则一人依次读，一人依次点，更为便捷。书之不在架上者，或已借出，则查借阅总单。书未借出，亦不在架上者，或付装订，则查装订总单。如仍无可考，则另录一纸。往往有书籍已失而忽又检得者，故此纸所录，未必无归还之一日也。

装订第八

　　书将入架，财力充裕者，可备书签。西文书籍，皆能纵列架上，故书签不置于外而置于内，用作馆中标记。其上亦列分类号数及总录号数，以备参考。书签之外，更可备一橡皮凹凸印。首页末页及中间空处，均以此印为识，俾遗失时有迹象可寻也。

　　公开图书馆，书籍进出必多，宜备纸片，以记录借者之姓名或号数，纸片附于书中。防其遗落，则以硬纸条为扣，糊于末页之上，纸片套入其中，不致脱落。更有日期表，或黏于末页，或黏于最后第二页之背面，则专记借去之时日也。绘图如下页。

日期表
六月七日
七月三日

（一）日期表

（二）纸片

（三）纸扣

　　吾国书籍,纸薄而少,只能横置,不能纵列,抽取之时,至为不便。今日图书馆中,亦有重加装订者,然取费至巨,往往过于书之原值。变通之法,或用书套,惟旧式书套,亦嫌呆滞。吾意图书馆中,对于此事,应详细研究一种简易之办法,不当如藏书家,斤斤于旧日之形式,有书则乱叠架上,徒饱蟫腹已也。

　　西文书籍,亦有薄纸包面,一入馆中,即可弃去。盖尘埃随处可入,未包之处,仍易污损,岁月既久,一书反有二色,仍不美观,且书面可以助人检寻,一望了然,有此一层纸,反多障碍,将来书有损坏,重加装订可也。

　　西书书背,皆标号码,标号之纸,有已印总目,只须加入子目者。然自写亦非难事,但购未印之纸可矣。纸后有有胶者,有无胶者,有胶者断不可买,纸上有胶,其质必硬,用时难于伏贴,日久胶裂,反易脱去,不如另买厚胶,自行涂抹之为愈也。

图书馆中,书架之布置方法不一。有任人阅看者,有藏于室内,借书之时,必待索取者。欲求公众与图书馆之接近,自以第一方法为适宜。至于新到书籍,必当另置一处,以备公众之察阅也。

凡书之破损待修者,宜另择一地,先置其中,得暇再行从事整理。书面略损者,可用浆糊,不宜用胶,胶性燥而易裂,且用胶后,将来亦难于装订也。书面与书分离者,用布贴好,大概书少,尽可自修,多则非送装订铺不可。凡书之送装订铺者,写明铺名,送去时另用一纸,记录如下:

装订数号	总录号数	著者名	书　　名	册　数	价值	备　注
1	1002	罗素	政治理想	一册	三角	刘衡如吴蔚人 译
2	275		新古文辞类纂稿本	二十四册	五元	
3	108	谢无量	中国大文学史	一册	三元	洋装

书经装订,面上亦可印字,以金涂之,亦仍美观。大概印字以行计,可简者不妨省略。然亦不可过简,宜备纸片,写成格式如下图:

中国大文学史　　　　　　　　　　　　　　谢无量著

此纸将来命其送回,以备校对。校对无误,查阅书本,是否原物,然后入架。为统计起见,书角可注明装修次数,则装订日期,装费价值,俱可检查矣。装订之书既多,则与装订铺中,订立特约,以省争论装费之烦。开帐之时,每书一纸,若总开一纸,便易混乱。图书馆中,亦有自雇装订工匠者,更形便利矣。

月报之付装订者,则每月将前月之报,收藏妥帖。册数既多,汇集一处,分成卷帙,附以检查之表,包扎妥当,写明报名,送交装订铺。报中广告,装订之人,可以代为撕去也。薄本之不能装订或无须装订者,插入硬纸封面中,亦较耐用。

借书第九

范围较小之图书馆，最易管理。地方上一切人物，皆知之有素，假使某人平日不重信用，即可拒绝。无须更觅保证之人，盖觅保证人之手续，最为繁琐。偶有损坏，尔责我，我责尔，徒令收书之人，往返奔波而已。况人心不同，各如其面，保证之人，未必即胜于借书之人也。

馆中应备一簿，上写"愿守馆中规则，遗失损坏，依价赔偿"等语，借书者署名其上，写明地址，编列次序，以便检查。得此一簿，每年阅书人数，便有统计可考矣。借者既署名，则予以纸片，纸片之上，即写簿中号数，庶可核对。馆中借出书籍，多注明日期，到期之书，逐日记明一处，或催其送还，或准其转期。大概迟到之书，必令其纳付罚款，每日以大洋二分为率。星期假期，可以除外。屡次迟到，则夺其借书权利，注明簿上可也。遗失之书，责其赔款，取价可以稍昂，盖馆中无书，公众咸感不便，购买新书，亦甚繁琐，不能不稍加限制也。

凡遗失借书纸片者，或令其缴纳罚款，或请其稍缓，以待新片。因此片为人拾得,便可借书,将来难于究诘也。借书册数,应否限制,须酌斟情形而后定。馆中书籍多,自无限制之必要。若所藏甚少,自以规定册数为当。

馆中借出书籍,必当记录。记录方法,以简为宜,然以下诸端,必当详列。

(一)某书已否借出。

(二)某人借书几册。

(三)某书借去已有几日。

481 何石年　上海海宁路 237 号			
号　数	日　期	号　数	日　期
$\dfrac{811.49}{5}$	六月五日		

欲求上列三者之详细答复,自以纸片之制,为最简捷。借者纸片,有归馆中收藏者,有归借者收藏者。借书之人,如满五百以上,馆中不易收藏,则令其自带为宜。借者纸片,略如三十页之图。

借者先以纸片交馆员,馆员即以所借书中之纸片(见上第八项),填写借者号数及日期。一面即在借者纸片上,填写书籍号数及日期,逐一收藏后,复将书中日期单(见前装订第八项),填入期限,然后书归借者领去。书中纸片,式如下图。

811.49－5			
王尔德			
诗集			
号　数	日　期	号　数	日　期
481	六月五日		

借者纸片及书中纸片,均宜分藏二匣,依日期排列,每日用木片隔开,而每日纸片,又依号数排列。故检寻至便也。匣之制,略如下图。

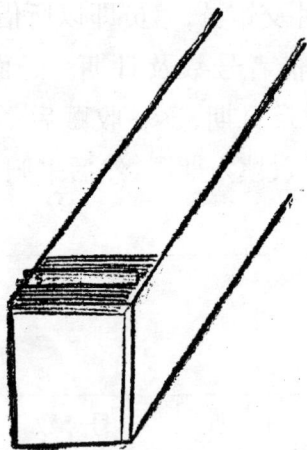

杂志第十

杂志收到后,宜加记录,亦用纸片,式如下。

小说月报												
十一年	正	二	三	四	五	六	七	八	九	十	十一	十二
	×	×	×	×	×	×	×	×	×			

留美学生季报												
十一年	正	二	三	四	五	六	七	八	九	十	十一	十二
	×			×			×					

　　杂志之备装订者,宜加硬纸封面,便不易损坏。馆中所有杂志,亦宜编列成单,公布馆中,以省问答之烦。日报之有价值者,馆中亦可收藏,但易散失耳。

　　参考书籍,应另列一处,以便应用。图书馆之大者,儿童读物,皆有专所。馆中人员,实负指导之责。盖儿童对于检寻书籍方法,多未明了也。

　　其余如字典、百科全书之类,供人参考,不宜借出。此图书馆之公例也。

购书第十一

选购书籍，首贵精当，兹将应购各种书籍，分列如下。

一　参考必备书籍，如字典、百科全书之类。

一　著名文学家之创作，如古代、现代之名著等类。

一　代表各科之书籍，如专门学者之著述等类。

一　普通应用书籍，如儿童读物等类。

虽然，此就普通图书馆而言耳，专门图书馆，则其选择标准，自应略异。馆中介绍书籍，亦可另备纸片，经馆长或富有经验之人审定，然后购买。纸片之式如下。

书名　　　教育心理学大意

著者名　　廖世承译

册数　　　一册

价值　　　八角五分

发行所　　上海中华书局

出版岁月　十年十二月

介绍理由　参考用

备注　　　馆中未备

馆长署名　　某某

杂志之中,往往有批评书报之文,馆中不可不备。参考之时,有大用也。

购书之时,自宜择取最善版本,纸料坚实,耐久可用,方为上乘。书到,逐一点查,方无错误。

设备第十二

房屋器具类

一　房屋求其适用,美观次之。

一　光线宜求其充足。

一　内部之布置,宜求其经济。

一　宜留地位,以备日后之扩充。

一　装饰之品,宜求其简单耐用。

一　书架不宜过高,以两手能及为合格。

文具类

普通文具　分类参考书　纸片　纸片匣　记录册
硬纸封面　岁月图章　橡皮凹凸印　书签　装订具　打
字机　日报夹

图书馆学术讲稿

戴志骞 著

本书据《教育丛刊》1922 年第 6 期排印

目　　录

序 言

图书馆事业之发达，实为普及平民，社会，专门教育之母。中国图书馆事业，尚在胚胎时代，不得不竭力提倡，以促平民，社会，专门教育之进步。北高前校长陈筱庄先生有鉴于此，乃于去夏组织北高暑假图书馆讲习会，委骞充该会讲席。骞以一人担任图书馆各科讲演，精力有所不逮，乃函商武昌文华大学图书馆主任沈祖荣先生襄赞一切。会其时直皖交哄，交通中断，沈君未即来都。幸得邓芝园、王仲达、李守常、李翼庭、程伯庐诸先生之赞助，始获如期开讲。两星期后，沈君既来，遂竣骞未尽之业，讲习会于以告一结束。莅会听讲者男女约计八十余人，其中亦有来自厦门奉天湖北等处者。骞每日讲演数小时，而关于图书馆学术之中文书籍，又无善本可以参考。不得已选择西文图书馆学术之纲领，临时译成中文，作为讲演之资料。所编讲义，但用纲要式，以求简明。脱稿时间极形匆促；潦草之处，知所不免。尚希宏达之士，随时指教，以匡不逮焉。

编者识

第一章　图书馆组织法

图书馆与人生有密切之关系，其重要理由厥有数端：

（一）扶助学校教育之不足，并可为国民终身学校。

（二）增进专门职业智识。

（三）休养精神。

图书馆能补助以上人生之三要素，设立图书馆之必要，实基于此。

美国图书馆管理名家台拿（John C. Dona）氏（泥滑克公立图书馆主任）曾论图书馆有益于社会之事共有六端：

（一）社会上大多数人，竟日奔走事务，少暇翻阅小说记事等书籍，可娱悦精神。

（二）图书馆收藏文学艺术理化各种图书，攻学者可就其学业所近得自修之机会。

（三）图书馆搜集古今政治经济之争议，专门大家之思想学术，能陶冶国民政治智识。

（四）图书馆可养成国民品学兼备之美风（Culture）。

（五）图书馆可抵抗败坏风化耗时之游戏，养成青年好学之习惯。

(六)图书馆常可辅助学校教师之学理。

参见 Dona：Library Primer

图书馆设立之必要既如上述,则其组织及管理法亦必须详加研究。

各种图书馆之组织及管理稍有不同,惟组织大纲约有三条：

(一)须得适当主任：促进图书馆之发达,如抚育儿童然,孩童不得良好之保姆,易生疾病,易染不良之习惯。图书馆创办之初,能得优美之领袖,则其进步速而费不糜,公众且获其利益焉。

(二)须选择图书：近来书籍出版,日增月盛；图书馆经济有限,势不能齐备各种书籍,故选择必须慎重。而所选之书又须投大多数阅览者之所好,其能增进公众之常识者宜多购置,切不可购置管理员本身嗜好之书籍而置公众之嗜好于不顾。图书馆愈小,选择愈求精当,所以利公众而节费用也。

(三)图书馆之建筑及馆内之布置：建筑须壮严,各室之配置务求适合于管理各方面,以达到少数管员能顾及出纳书籍与阅览者之全部为范围。馆内家具宜舒服而坚固；整齐清洁,尤须特别注意焉。

图书馆

图书馆不可入政治或党派范围。

各国官立图书馆主任及馆员,均受文官事务法之保障。

公立及私立图书馆须设图书馆董事会。

(甲)董事:人数宜少,最适宜之数五人或七人。惟大都市之图书馆董事人数,以事情多寡为比例。

(乙)资格及任期:资格须具有威望而并重视教育者。任期以二年半或三年为限;改选时一半连任,以资熟手。

(丙)职务:1 经费;2 审查用度;3 图书馆经营;4 图书馆规程;5 主任馆员之选定。

图书馆之经费

(一)创办费

(甲)标准　1 人口之多寡　2 经常费之多寡

建筑费表

岁入额	公债偿还金	建筑费
一〇·〇〇〇元	二·五〇〇元	三六·〇〇〇元

设备费	建物容积
四·〇〇〇元	七二立方英尺

创办费各种费用之分配表

(二)经常费

(甲)薪俸

英国图书馆经常费预算表

岁入额	公债偿还金	建筑费	设备费	建物容积	地 基	藏书数	阅览人数
磅	磅	磅	磅	立方英尺	平方英尺		
一·○○○	二五○	三·六○○	四○○	七二·○○○	四·八四一二	三四·○○○	二○○
二·○○○	五○○	七·二○○	八○○	一四四·○○○	八·八二四	六八·○○○	四○○ 分馆合计
三·○○○	七五○	一○·八○○	一·二○○	二一六·○○○	一三·二三六	一○二·○○○	六○○同
四·○○○	一·○○○	一四·四○○	一·六○○	二八八·○○○	一九·二○○	一三六·○○○	八○○同
五·○○○	一·二五○	一八·○○○	二·○○○	三六○·○○○	二四·○○○	一七○·○○○	一·○○○同
一○·○○○	二·五○○	三六·○○○	四·○○○	七二○·○○○	四八·○○○	三四○·○○○	二·○○○同

4

创办费总额	建筑费	设备费	图书费	事务费
五〇〇圆	三〇〇圆	一〇〇圆	五〇圆	五〇圆
一・〇〇〇	六〇〇	二〇〇	一〇〇	一〇〇
五〇・〇〇〇	三・〇〇〇	一・〇〇〇	五〇〇	五〇〇
一〇・〇〇〇	六・〇〇〇	三・〇〇〇	一・〇〇〇	一・〇〇〇
五〇・〇〇〇	三五・〇〇〇	七・〇〇〇	五・〇〇〇	三・〇〇〇
一〇〇・〇〇〇	七〇・〇〇〇	一〇・〇〇〇	八・〇〇〇	一二・〇〇〇
一五〇・〇〇〇	一〇〇・〇〇〇	二五・〇〇〇	一〇・〇〇〇	一五・〇〇〇
二〇〇・〇〇〇	一四〇・〇〇〇	三〇・〇〇〇	一一・〇〇〇	一八・〇〇〇

岁入总额	偿还借款及利息	维持费总额	薪　俸	图书费	需用费
錢	錢	錢	錢	錢	錢
三・〇〇〇	七五〇	二・二五〇	一・〇〇七	七九〇	四五九
二・五〇〇	六二〇	一・八八〇	八七七	六四〇	三五八
二・〇〇〇	五〇〇	一・五〇〇	七五七	四八〇	二六三
一・五〇〇	三七五	一・一二五	六〇四	三三〇	一九一
一・〇〇〇	二五〇	七五〇	四五六	一八〇	一一四
五〇〇		五〇〇	二五四	一〇五	一四一
一〇〇		一〇〇	四〇	二二	三八
平均	百分率	一〇〇	四九・一一	三一・一三	一九・六

（乙）图书

（丙）需用

创办费：创办费当如何定其多寡？

（甲）以人口为标准。

（乙）勃郎氏（Brown）云：人口不能定为标准，不如以图书馆之岁入额为标准，如：

第一表，以岁入额之多寡，而算定其相当之建筑费。

创办费中：分 1 建筑费；2 设备费；3 图书费。此三者应如何分配，方为适当？今分配如第二表。此表约略算定各费之分配问题。如用公地者，应加入土地购入费。

经常费或维持费：经常费或维持费分 1 薪俸；2 图书；3 需用。此三者可分配如第三表及第四表。第三表为勃郎氏（Brown）之图书馆岁出预算表（英国设立图书馆时，其建筑费及设备费均以借款充之，故每年有从岁入中偿还借金及利息之支出）。

第四表

国名	薪俸	图书	需用
1.英国	百分之四十九	百分之三十一	百分之二十
2.美国	百分之五十二	百分之二十五	百分之二十三
3.日本	百分之四十三	百分之二十七	百分之三十
4.中国无锡	百分之四十九	百分之二十八	百分之二十三
5.中国清华	百分之四十	百分之五十	百分之十

备注：

1.英国图书馆协会报告。

6

2.美国图书馆协会报告。

3.日比谷、大阪、京都三图书馆。

4.无锡县立图书馆汇刊（薪俸项内,包括膳食费）。

5.清华九年度图书馆豫算。

以上各表,不可作为一定之标准。各费之分配,均由图书馆规模之大小,种类之相异,而定其分配。

图书馆之创办之方法：

（一）公开小学校附属之图书室。

（二）用校友会,青年会,或小学校之一室,设简易图书馆。

（三）教育会及个人捐款,设参考图书馆,普通图书馆等。

（四）创设良好图书馆,须要国家及省,县,市,乡村等公共团体之实力赞助。

（五）嘉仪盛典之纪念,宣扬英雄豪杰之功业,忠勇义烈之声名,皆可为建设图书馆之机会。

（六）请富豪捐助,冠其名为图书馆之名。

卡纳奇氏（Cornegie）捐助图书馆之条件：

（一）受捐之都市,须捐助图书馆基地。

（二）市民亦须负担卡氏助金一成之金额,作经常费。

关于图书馆组织及管理法之书籍杂志：

1. Brown, J. D. Manual of Library Economy, London

2. Brown, J. D. Guide to Librarianship, London.

3. Dona, J. C. Library Primer. Chicago.

4. Hetcher, W. I. Public Libraries in America, Boston.

5. Morel, E. Bibliotheques Vols., Paris.

6. Plummer, M. W. Hints to Small Libraries. N. Y.

7. A. L. A. Bulleton, Chicago.

8. Library Journal, N. Y.

9. Public Libraries, Chicago

10. Bostwick, A. E. Library Essays, Wilson, N. Y.

11. Hardy, E. A., Public Library, Toronto.

12. The Libraries London.

关于图书馆教育之书籍杂志：

1. Library Journal

2. Public Libraries } 见前。

3. The Libraries

4. Adams H. R. Public Libraries and Popular

Education, Albany.

5. Ayres & Mckinzie The Public Libraries and The

Public School Cleveland

6. Powell S. H. Children's Library, a dynamic factor in

Education N. Y.

第二章　图书馆管理法

近世图书馆于社会上须具一种自进之活动,故图书馆之管理及馆员服务之热心,实为重大之关键。

(甲)大图书馆管理事务之组织:

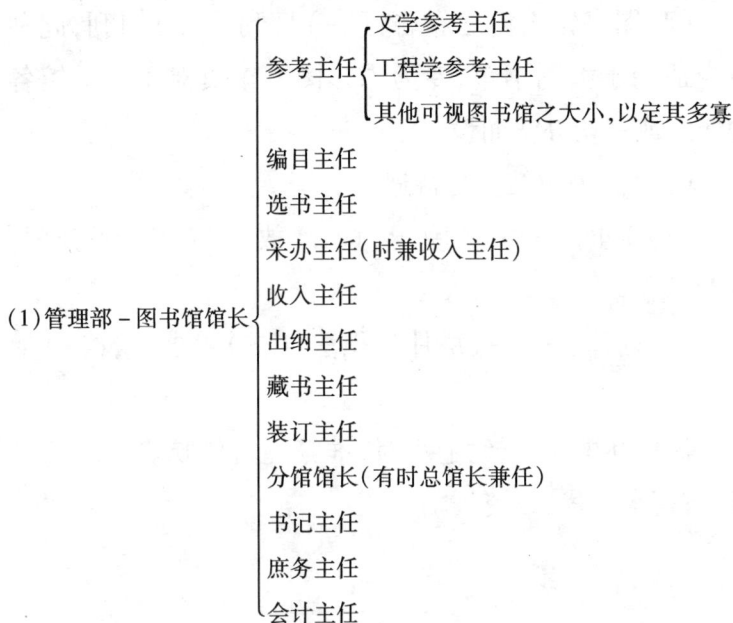

(1)管理部－图书馆馆长
- 参考主任
  - 文学参考主任
  - 工程学参考主任
  - 其他可视图书馆之大小,以定其多寡
- 编目主任
- 选书主任
- 采办主任(时兼收入主任)
- 收入主任
- 出纳主任
- 藏书主任
- 装订主任
- 分馆馆长(有时总馆长兼任)
- 书记主任
- 庶务主任
- 会计主任

管理部之大小,照图书馆之大小而定。馆内一切行政之方针,皆由管理部议决施行。

$$\left.(2)顾问部\left\{\begin{array}{l}参考科馆员\\儿童图书科馆员\\出纳科馆员\\阅览室馆员\\其他\end{array}\right.\right.$$

阅览人有违背图书馆规则者,馆员均得施行相当之惩罚。如有故意毁坏公产者,可送警局惩戒。

(乙)图书馆馆员会议:

(1)图书馆各科讨论会。

(2)图书馆馆内之布告:(一)日刊,(二)周刊,此种布告适用于大图书馆,专为周知图书馆员对于图书馆各种新闻或一切办法而设。

(丙)图书馆馆员之待遇:

(1)时间:—(一)晚上,(二)放假,(三)休养假,(四)病假。

(2)薪津:—(一)每月公积法,(二)养老金,(三)加薪法。

每日办事时间,约七小时;惟管理员值晚班或放假日班,其薪水稍优,以资鼓励。

划到积记时间片

1920 八月	上午		下午		晚上		总记	迟到	迟出	备注
	到	出	到	出	到	出				
1										
2										
3										
4										
5										
6										
7										
8										
9										

○○○纽约图书馆

第一节　图书选择法

图书馆于图书之选择甚为紧要。然此事极不易为，而选择之标准，亦不易定。概括言之：如美国图书馆协会对于选择图书之训语，曾有"最多之图书费应购最多之书籍以供最多数阅览者。"此训语可谓包括选择图书之要诀。选择图书应加注意之各点如下：

（一）应供给图书馆所在地社会之希望及需要。

（二）小说流动之统计及每书流动之次数，均不可作为选择图书之标准。

（三）关于图书馆所在地之图书应在搜罗之列。

1.图书地图及其他相类之图书。

2.本地人士之著述及其传记肖像等。

3.本地发行之新闻及杂志(大城不在此列)。

4.本地官厅之出版物。

(四)关于人民道德学问生活上有扶助能力之图书。

(五)选择书籍之参考书:

1.中外古书目录

2.各图书馆之印刷目录

3.各种新刊图书之评论目录

4.图书馆协会选定之新刊图书目录

(六)购置重本书籍问题之商榷　购置重本书籍,须按各馆之特性而定,不能拘执于一定条例。兹就习惯上定之下列各条以为购置:

1.学校图书馆如设有分科阅览室,一书须供数科参考者。

2.新出版之著名书籍,同时须阅览者甚多。如 B. Russell 之 Theory and Practice of Bolshevism 及 H. G. Wells 之 Outline of History 等书。

3.著名小说同时要求借阅者太多时。

4.某类书籍具有参考及流动两种性质者。

(七)购置已得选择之图书手续有下列数端。

1.应制有图书费预算表;

2.应预备得选各图书之书片或书单;

3.选择书店;

4.留意再版及豫约等事项;

5.图书馆应得之折扣。

购置图书之书牌

著作者 Author	
书名 Title	
地名及发行所 Place , Publisher.	经理 Agent
价格 Cost	
签名 Signature	
摘要 Remarks	
	◯

尚未购置
非重本
············
购置年月日 ············
收入年月日 ············
馆长签名处 ············

已译成中文之图书馆管理法书籍,如下:

(一)图书馆小识,通俗教育研究会编辑。

(二)图书馆指南,顾实,上海医学书局。

(三)图书馆管理法,商务印书馆。

(四)图书馆学指南,杨昭悊,法政学报社。

第二节　图书馆出纳法

(一)馆内阅览:1.最好不收阅览费;2.普通参考书,杂志,辞典等书,须任人检阅;3.阅览证须简便;4.一书一证,便于作每日之统计。

馆内借览证之格式

纽约省立图书馆		
书号	著作者	书名
坐号………姓名………		

(二)馆外阅览:

Registration Card.

(1)请求借览证之正面格式

<table>
<tr><td>第　号</td><td></td><td>年　月　日</td></tr>
<tr><td colspan="3">今蒙　贵馆认某某为有借览图书之资格者,请即交付借览证,贵馆
一切规则,借书人理应遵守。</td></tr>
<tr><td colspan="3">姓名(签名盖印)·······························</td></tr>
<tr><td colspan="3">住址···</td></tr>
<tr><td colspan="3">职业···</td></tr>
<tr><td colspan="3">保证人(签名盖印)·····························</td></tr>
<tr><td colspan="3">保证人住址···································</td></tr>
</table>

背面格式

姓名···

号数···

住址···

Borrower's Card.

(2)借览证

号数					
姓名					
住址					
书号	借	还	书号	借	还

　　此系存馆内之借览证,如许阅览者能将此证带出馆外,须备有效期限,于号数之后。

Book Card.

(3) 馆外阅览书片

332.4 - L69					
梁启超著					
币制论					
借	人号	还	借	人号	还

人号即借览证之号数。

每书的后书面或前书面,贴附一纸袋,插置馆外阅览书片。如允许借书者,将借览证带出馆外,于借书时,出纳员可将书内馆外览书片抽出,而将借书证置于此袋内,盖印借出日期于纸袋左右边,或右边之空白纸上,纸袋有数种格式,今将最普通之纸袋式绘列于下:

（4）书牌纸袋

北京公共图书馆

～～～～～～～～

号数 ………………

第　　　册

登录号数 …………

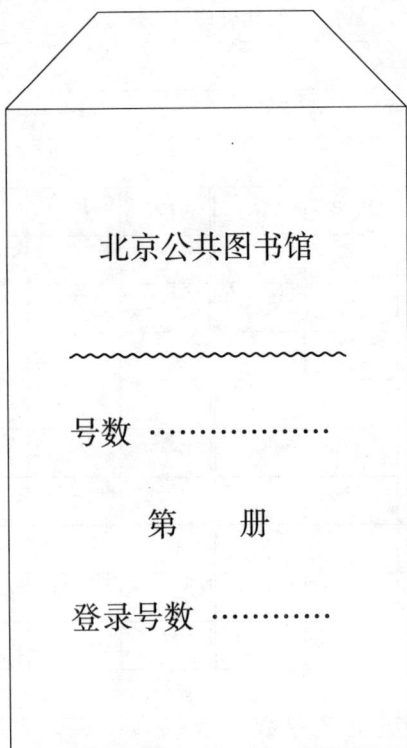

　　阅览室及出纳台之馆员，时与阅览人及借书人接触；其举动态度，务使来馆者得愉快之心理。以下五条阅览室及出纳台之馆员，往往于无意中忽略之，此实须注意者也。

　　（1）不可常答人以"否"之一字。

　　（2）闭馆时慎勿作匆忙状，露不耐烦之态度。

　　（3）交付图书于借书人不可作性急状。

　　（4）须不惮烦，不畏劳，而介绍馆中之图书于阅览者。

　　（5）应学商人之待遇顾客，务使其满足。

第三节　杂志书籍登录式

杂志及日刊登录式

(1)杂志登录片

正面

号数					杂志名								
年	卷	一月	二月	三月	四月	五月	六月	七月	八月	九月	十月	十一月	十二月
出版地					出版者								
价格					每年之卷数								
出版次数					（已装订者）								

背面

			定价＿＿＿
定购或续定 之年月日	终　止	来　　　源	实　价

（2）日刊登录片

正面

日刊名										份数									终止												
	1	2	3	4	5	6	7	8	9	10	11	12	13	14	15	16	17	18	19	20	21	22	23	24	25	26	27	28	29	30	31
一月																																
二月																																
三月																																

四月																										
五月																										
六月																										
七月																										
八月																										
九月																										
十月																										
十一月																										
十二月																										

背面

定购处	价格
年　　月　　日	
付款期	

21

年　月　日　A+2　□

（一）西文图书登录簿式

登录号数 Number	著作者 AUTHOR	书名 TITLE	出版地及出版者 PLACE&PUBLISHER	出版年 Year	页数 Pages	大小 Size	装订 Binding	来源 Source	价格 Cost	类名 Class	书号 Book	卷 Vol.	备注 REMARKS
1226	Beecher Hu.	Speeches on The Rebellion	N. Y. Sowell	1887	368	口	Paper	Putnam	80 34	g37.71	B39		Cd. 3reg. gl88
27	Mahoffy, J. P.	Social Life		1875	15十 410	口		Stechert 1	50	g3.38	mg4		
28													
29													
30													
1231													
32													

(二)中日文图书登录簿式

| 年 月 日 | | | | | | | | | | | | |
登录号数	类名	号数	册数	著作者	书名	出版地及出版者	出版年	页数	大小	装订	价格	摘要
四一	二七〇	五	一	中学教育社	读书法	东京中学教育社	明治三一		小	洋	三〇	
四二	三〇〇	一〇	一	三岛毅	福泽全集	东京	明治一二		中	日	二五	
四三												
四四												
四五												
四六												

23

第四节　管理出纳选择装订等之参考书

一. 学校图书馆管理法之书籍：

1. Dana. J. C. School Department (Modern American Library Economy) Elm Tree Press, Woodstock Vermont

2. Ward G. O. High School Library. A. L. A. Chicago.

3. Hall, M. E. Report of the committee on high school libraries N. E. A. Proceedings1912.

4. Hall. M. E. Vocational guidance through the Library A. L. A. Chicago.

5. Wilson, Martha, Comp. Books for high Schools A. L. A. Chicago.

6. Gibson, M. L. Course of study for normal school students on the use of a library. Wilson, N. Y.

7. Ward, G. O. Practical use of books and Libraries. Boston Book Co. Boston.

8. Wyer, J. I. College and University Library A. L. A. chicago.

9. Ward G. O. Suggestive outlines of methods for Teaching the use of the Library. Faxon, Boston.

二. 关于出纳选择图书等之书籍：

1. Dana. J. C. Modern American Library Economy, Booklists and other publications. Elm Tree Press, Woodstock Vermont

2. Carr, S. C. Vonde, Modern American Library Economy the Lending Department. Elm Tree Press, Woodstock Vermont

3. Carr, S. C. Vonde, Administration of Lending Department (Modern Amer. Lib. Economy) Elm Tree Press Woodstock Vermont.

4. Dana J. C. and Ball, S. B. Business Branch (Modern Amer. Lib Economy) Elm Tree Press woodstock Vermont.

5. Dana, J. C. Advestising (Modern Amer. Lib. Economy) Elm Tree Press, woodstock Vermont

6. Carr, S. C. Vonde. Charging System (Modern Lib. Economy) Elm Tress Press. Woodstock Vermont.

7. Brown, J. D. Small Library Routledge, London

8. Roebuck & Thorne. Primer of Library Practice for Junior Assistants Putnam, N. Y.

9. Oregon Library Commission. Books for high School Library Salem. Oregon.

三. 关于图书馆装订之书籍：

1. Adam, Pane, Practical Bookbinding Van Nostrand,

N. Y.

2. Bailey. A. L. Library Bookbinding. Wilson, N. Y.

3. Brown, M. W. Mending & Repair of Books A. L. A, Chicago

4. Chivers Gedric. Relative Value of leathers & other binding materials chivers N. Y.

5. Cockerell, D. Bookbinding and care of Books apple-ton N. Y.

6. Coutts and Snead: Manual of Library Bookbinding. Libraco London

7. Dana, J. C. Bookbinding for libraries. Library Bureau, chicago.

8. Philip, A. J. Business of bookbinding from the Viewpoint of the binder, the Publisher, the librarian and the general reader.

第三章 图书馆之建筑

图书馆之建筑,与图书馆之作用,有密切关系;故其建筑,须具以下诸点:

(一)坚固;(二)美观;(三)便利;(四)避火险;(五)易扩张。在建筑之先,于各点务必研究:

(一)当先筹内部诸室之配合,然后及于外观。

(二)不能以建筑上之理由,而疏忽内部配合之便利。

(三)光线务使充足,而书库之窗,当对于书架,而设其左右之空间。

(四)阅览室及事务室必须宽敞。

(五)阅览室当留意者,即以少数馆员能监视一切。

(六)书库应与出纳书籍台接近。

(七)锅炉,暖汽管,气窗,电灯之装置,务求充分。

今略举数图以资参考:

第一图

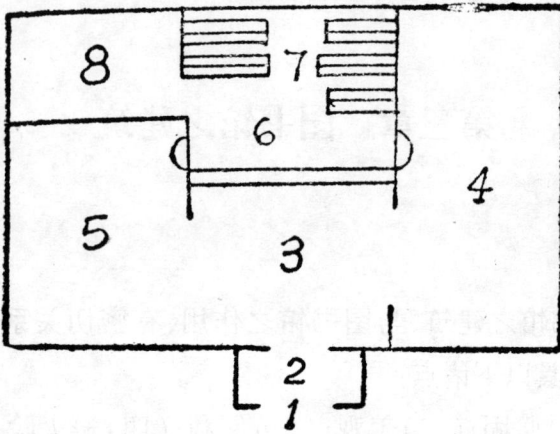

1. 入口　　　　　5. 参考室或杂志室
2. 门房　　　　　6. 出纳书籍台
3. 馆外贷出室　　7. 书库
4. 阅览室　　　　8. 事务室
可容图书 2000 册

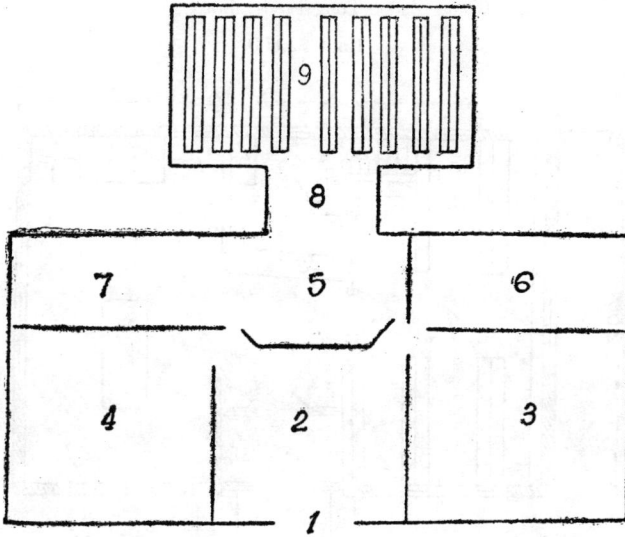

第二图

1. 入口
2. 馆外贷出室
3. 普通阅览室
4. 儿童阅览室（分割为目录室或新闻室均可）

可容图书 60,000 册

5. 出纳书籍台
6. 特别阅览室或妇女阅览室
7. 事务室
8. 走廊
9. 书库

29

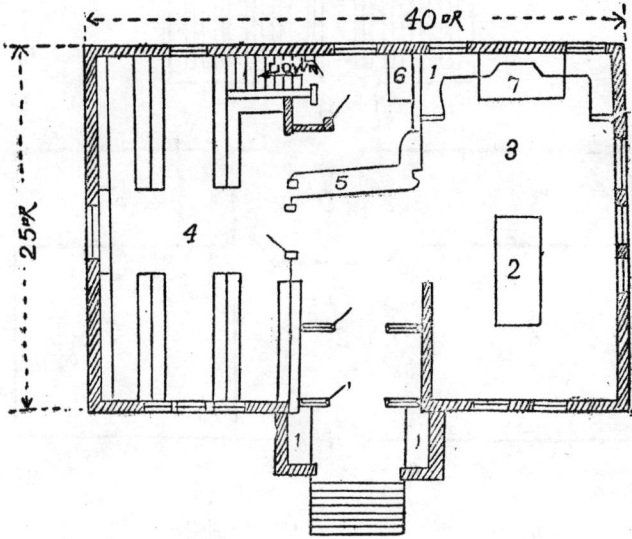

第三图
Zadoc Long Free Library
Gold $2,800

1.Seat　　　　　　座位

2.Table　　　　　　桌子

3.Reading Room　　阅览室

4.Stack Room　　　书库

5.Delivery　　　　出纳书籍台

6.Desk　　　　　　书桌

7.Fire Place　　　火炉处

可容图书 8000 册

建筑工程师=T.C.Stone

第四图

Canastota Public Library

Gold $12,000

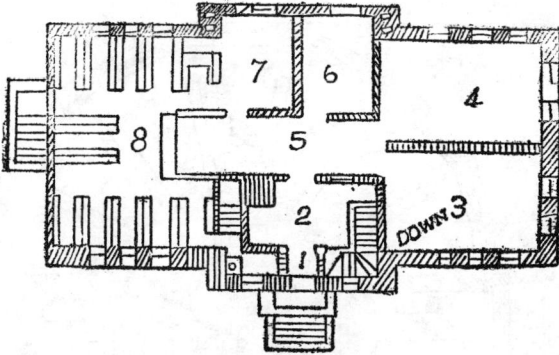

(a)第一层

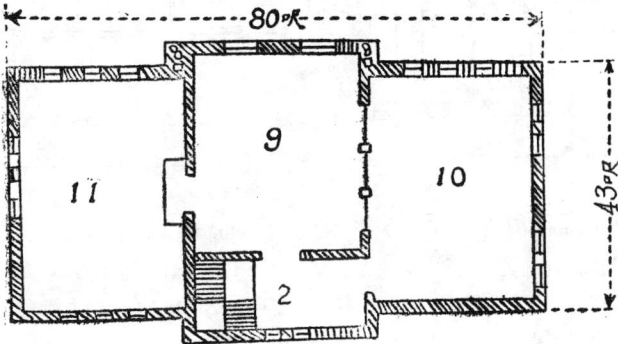

(b)第二层

1.Vestibule（入口）

2.Hall（门厅）

3.Reading Room（阅览室）

4.Childrens Room（儿童阅览室）

5.Lobby（休息室）

可容图书 15,000 册

建筑工程师=A.Russell

6.Reference Room（参考室）

7.Librarians Room（馆长室）

8.Stock Room（书库）

9.Lecture Room（讲演室）

10.Museum（陈列室）

11.upper part of Stack Room

（上层书库）

第五图
Lindsay Public Library
Gold $13,450

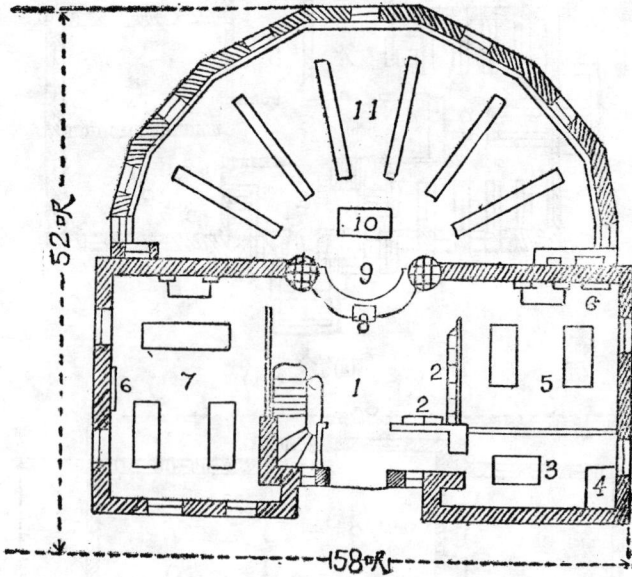

1. Rotunda（休息室）

2. Paper（报纸）

3. Librarian（馆长室）

4. Desk（桌）

5. Childrens Room（儿童阅览室）

6. Periodicals（杂志）

7. Reading Room（阅览室）

8. Card Index（目录片）

9. Delivery Desk（出纳书籍台）

10. Table（桌）

11. Stack Room（书库）

可容图书 12,500 册

建筑工程师=G.M.Miller.

图书馆建筑参考书:

1. Burgoyne, F. J. Library Construction London

2. Eastman, W. R. Library Building Plans Albany

3. Eastman, Library Buildings A. L. A. Chicago

4. Marvin, C. Small Library Buildings A. L. A. Chicago

5. Fletcher W. L. Public Libraries in America Boston

6. Snead & Co. Library Planning, Book stack & shelving. New Jersey

7. Buildings J. S. On Ventilation and Heating New York

8. Clark, J. W. Care of Books Camb England

9. Chandler, A. G. The Country Library versus the Dener and the Architect, Boston

第四章　论美国图书馆

　　西人游历中国城镇,普通所见者,城隍庙也,省有省城隍,县有县城隍,市乡有市乡之城隍。吾人游美国城乡,普通所见者有四特色:即教堂、邮务局、学校及图书馆也。以前三者,为各文明国国民必要之物;而图书馆亦林立其中,不得不有疑问焉。盖国民教育已操之于学校,而图书馆之设立,星罗棋布,用意何在? 而有益于国民教育之关系,亦何在? 作者请暂不论图书馆与学校及国民教育之密切关系,先言美国图书馆发达史之梗概,以飨留心图书馆诸君。

　　一六九七年,有英国牧师勃兰氏(Dr. Thomas Bray)始创图书馆于新大陆之教堂内。如曼尔兰一省(Maryland),创教堂图书馆三十所,共有书籍二千五百四十五册,为教士参考而设,惟亦允每教堂区域内之人民自由借阅。此可谓美国图书馆史之开辟时代。至一八〇三年,始有学校区域图书馆之设。如纽约省在一八三五年,立专律以维持各学校区域之图书馆,教士学生有专所观览典籍。然而当时普通人民仍未免有向隅之叹,故法兰恩格林(Benjimin Franklin)集股创合股图书馆(Subs - cription Library)于费立特城(Philadelphia),不但认股诸人有借览该馆图籍之权利,而近处人民亦能同受该馆之利益焉。各埠商人悯商铺学徒无从研究学问,而商人图书馆于一八二十年亦创于纽约波士顿圣路易三城矣。至于大学校图书馆之鼻祖,首推哈佛。此馆之设,始于 Rev John Harvard 在一六三八年。迄今为全国大学校图书馆之冠。至美国公共图书馆者,向以税饷维持,亦可谓人民之图书馆。英国国会议员(William Envart)通过一议案,此公共图书馆之根本也。一六九七年,美国有 Sir Francis Nichilson 者,发起由曼尔兰省市政厅上禀于英皇惠廉第三,请抽军火税之一分为设公共图书馆之用,不意此禀竟遭打消。至一七七年,纽哈姆省(New Hampshire)首创公共省图书馆。二十六年后,纽极才省(New Jersey)亦创公共省图书馆。至十九世纪之初,人民稍稍知公共图书馆有益于社会。南加落立那省(South carolina)设省图书馆于一八一四年。纽约省(New York)于一八一八年,始设省图书馆。二年后,本薛佛尼(Pennsylvania)省图书馆成立。今首都华盛顿之国立图书馆始创于一八○○年;虽已二次被焚,然迄今藏书之富不但为全国之冠,而已为全世界之冠矣!

美国图书馆受个人捐资而成立者,始于波士顿之迭格拿氏（George Tichner）一八五一年之义举。迭氏愿建一图书馆不同，愿多数之人民，能同时读一种有益之书籍。盖当时美国图书馆，亦如现今中国之藏书楼，专为保藏书籍，非为人民自修而设也。以图书馆为普通人民自修之所，为普通人民教育之关键，始于一八七六年。介绍此图书馆之新理想于人民之脑海中者，皆美国图书馆管理员会之力也。

美国图书馆管理员会，首由 Professor Charks Jewett 在纽约城，于一八五三年发起：到会者共八十人；在闭会时，Jewett 虽云愿该会作永久图书馆管理员之母，然无教育界中人相助而受一顿挫。直至二十三年后，该会始正式成立。会纲由全会会员一〇三人选定；并出图书管理月刊一种，作该会之出版物。以后每年有年会一次，以互相研究图书管理法，而以普及教育为目的。故现今美国图书馆之发达，而人民得无限之利益者，均此会之力也。该会对于图书管理法，详细研究，不厌繁屑；对于如何设立图书馆，如何购办书籍杂志，如何分类编目，均详细印成最简明之小本，分发于各处之有意设立图书馆者；并请驻会书记一人，筹划通信事。除此全国图书管理员会外，现各省有各省图书管理员会。骞初应美国图书管理员会之请，今夏特赴该会于纽约之散落托加泉（Saratoga Springs），默察该会会员之精神，皆悉心擘画，图书管理法,会员互相切实砥砺。后又应纽约全省图书管理员会之招,而再赴泼兰雪湖(Lake Placid)之会。会员之团结精神,互相砌磨,研究图书管理之法,实令人崇拜。该会之种种出版物,关于该省之图书管理法,亦详细研究;且助各图书馆改正管理上之缺点。

全国图书管理员会,始创于美国。后一年,英国亦创立斯会,发起于英国国立图书馆长 John Winter Jones。近年来,欧洲诸邦,如法、德、意,均有全国图书管理员会之建设矣。美国图书管理法之完备适当,亦全仗诸发明家,如 Cutter, Dewey, Winsor, Bowker 等之力居多。至南北美战争时,方有美国妇女崛起,而为图书馆管理员矣。如将三十年前美国图书馆之数目,书籍之多寡,与现在之图书馆及书籍之数目比较,有天地之别。现不但省有省图书馆,市乡有市乡图书馆,而大城如纽约芝加哥波士顿等,一城之中,有数拾之图书馆,并有无数幼孩图书馆,盲人图书馆,医院图书馆,旅行图书馆,银行图书馆,工艺图书馆,大学校图书馆,高等学校图书馆及种种专门职业图书馆。自去年美国加入欧战以来,全国图书管理员会,即全力提创军营图书馆,战场图书馆。美陆军总长 Baker 云此次欧战之胜负,非枪械之精,战术之娴,能决最后之胜利,其真能决最后之胜利者,在兵士能用书与否耳。骞为美国图书管理员之精神所动,故今夏毕业后,竭力思得军营图书馆之阅历。现已蒙政府许可,将赴军营图书馆为实地之练习矣;希日后还国,有所贡献于我国之健儿也。

美国图书馆林立,得力于富翁慨捐者甚力。如纽勃兰氏(Walter Newberry)之三百万元之图书馆,建于芝加哥;飞斯刻氏(Fiskes)以一百五十万元之图书馆,赠于康奈而大学;泼兰忒氏(Enock Pratts)一百五十万元之图书馆,设于排尔跌城(Baltimore);卡纳奇氏(Carnegies)氏二百五十万元之图书馆,建于 Pittsburg;天尔登氏之一千万元,赠于纽约图书馆。诸富翁中,捐资建筑图书馆之最豪者,惟推卡纳奇氏,几乎各城各乡均有卡纳奇氏之图书馆。去年军营图书馆,需一百七十万元之款,卡氏立助其半。若将美国富翁曾捐助图书馆之芳名汇刻,必成一巨册。然而图书馆如此之多,藏书如此之富,则须有人理其事,是则图书管理学学校之设尚矣。在一八八七年,纽约省大学列图书管理科,为大学院之一专门科。在此三十一年内,全国设立专门图书管理学学校十四处。欧洲诸邦,均逐年遣有阅历,有心得之图书管理员到美国专门图书管理学学校留学矣。故各国之图书馆管理,均取法于美国。由此可见美国图书馆,实甲于天下;否则欧洲各国多典章文物之旧邦,岂肯俯首推重? 今请细察下方纽约全省图书馆及二十五年来流通书籍之比较表,则可知美国图书馆尚有日增月盛之势焉。

纽约全省图书馆及流通书籍二十五年之比较表 (1893 – 1917)

年份	图书馆	书籍册数	流通书籍之总数	每日流通书籍数目	每千人中使用流通书籍之人数
1893	238	849995	2293861	6285	352
1894	293	1049869	2766773	7581	425
1895	309	1127199	3146405	8620	483
1896	351	1313299	3933623	10777	604
1897	375	1446874	4904793	13438	753
1898	408	1756036	6439999	17644	989
1899	431	1979319	7395527	20262	1135
1900	460	2187125	8452445	23157	1163
1901	519	2425260	9232697	25350	1290
1902	550	2598472	10063703	27571	1385
1903	555	2804628	10897126	29855	1500
1904	673	3108365	11347802	31089	1561
1905	677	2953177	11685889	33115	1663
1906	678	3645662	13835639	37906	1715
1907	661	3782609	14068722	41010	1855
1908	686	4050563	16479457	45146	2043
1909	689	4227665	18749849	51364	2314
1910	710	4341103	17254729	52753	2387
1911	661	4635716	20122745	50131	2208
1912	*464	*4421961	*20309176	55641	2228

（续表）

年份	图书馆	书籍册数	流通书籍之总数	每日流通书籍数目	每千人中使用流通书籍之人数
1913	*477	*4707472	*21530294	58987	2362
1914	*493	*5074640	22918026	62742	2515
1915	*536	*5330826	*26003009	71241	2853
1916	*544	*5570271	28223898	77326	2913
1917	*551	*5775115	27259840	73693	2814

高等学校图书馆不包括在内。

图书馆与教育,有极密切不能分开之关系。教育者,智力生长之义也;如不生长,即至灭绝。学校即教育之初步也,教少年人民以温故知新之识。然学校不能教育国民之终身,人人有出学校之一日;若社会中无图书馆,则多数离学校后,即于智力上不能生长。如要国民有终身智力生长之机,除图书馆外别无较良美之法;故图书馆可称国民之终身学校也。美国人民因知此义,故不惜数亿兆之金钱,造就全国国民终身大学校,今者途人问答,皆曰:"该村之图书馆在何处?"而不问"该村有无图书馆?"于此语可知美国人民之教育与图书馆,如手足有不能分离之势矣。美国图书馆管理家 Dewey 云:学校者,锥也;图书馆者,大理石也。二者缺一,虽能工刻者,亦不能产美丽之石像。夫图书馆既为国民之终身学校,则该学校

40

之教授法，自不得不悉心研究。因该校学生程度之不齐，年龄之不一，各种职业莫不代表，自专门有心得之大学教员，至目不识字之工人小贩；自耄耋之士，至四五龄之婴孩。故当此特制学校之教员者，须有适当之教授法，而应以上种种学生之要求。否则，虽有国民终身学校之设，而于实事上则等于无有。故设立图书馆之至要者，不在屋宇之宏丽壮严；亦不在藏书有汗牛充栋之富；首要者，在图书之管理法。管理适当，虽少数之有用书籍，皆能应多数人民之参考。管理不完备，虽有极多之书籍，而不能应少数人民之参考。仆在中国时，参观数处之公立图书馆及通俗图书馆，管理法曾注重于"保藏主义"，而轻忽"书籍流动主义"。善本希珍之书籍，保藏之，亦图书管理员之天职；然切不可不注意书籍流动主义焉。馆长应想种种法则，诱劝地方多数之人民日常到馆；并于离馆时，多借流动书籍回家，而茶余饭后之消遣品；则该馆虽每年书籍因用而损坏之数不少，然而该馆馆长之天职尽矣！造福于社会，岂可胜数哉？

现我国最缺少亦最要者，莫如管理良美之图书馆。吾全国有无数之藏书楼，而可谓无一处有良美图书馆。中国历年来派留学生之数，可称甲于天下；而留学生之在各国者，于学问上均有极深之心得。然观近来三十年之留学史，虽为总长，局长者，比比皆是，然真能于科学上，文学上,工艺上,有所发明,而能造福于国民,并能造福于世界者,其数少若晨星。鄙见非谓我中国学生之智力迟钝,实缺乏良美图书馆,为回国后参考之用,是一大原因也。留学诸君回国后,因无适当之图书馆,并于幼时未养成好读书之习惯;故一遇此境,智力生长骤遭停顿,而数年在异邦所得之学问,亦日退而无进境矣,故极愿我诸同学于设立良美之图书馆,慷慨出全力相助,以为发育国民智力日进之基础。

如欲设立有实用之图书馆,希留意以下诸事:(一)切不可设在偏僻交通不便之处。(二)虽不必有极华丽之屋宇,然终要整齐,清洁,干燥,空气流通,光线充足之所。(三)若限于款项,所购书籍不必出重价购善本希珍之书籍,应先购有实用而多参考资料之书籍。(四)所购之书籍,应详细分类编目,以便检查,以省阅者宝贵之时光,以免书籍陈列架上终无与阅览者。(五)开门借书时刻,应日夜,星期,假日,皆不闭馆;为利便人民起见,惟此项人极有益,而于图书馆款项上稍有妨碍,因须加增馆员人数,并值星期及假日馆员之薪金应稍优,以示鼓励。然于人民有益,此层终须力行。(六)馆长之对于书籍,切不可有守财奴对于金钱之观念。应想各种方法,使人民多用书籍杂志,而少窖藏书籍;须具商铺掌柜之资格,望每日夜皆有主顾愈多愈善,切不可具局长之威严,有"图书馆重地,闲人莫入"之牌示。以上六项,实普通图书馆管理法之要素,希有意捐资设立公共图书馆者三注意焉。美国图书馆管理员会格言之一云:"出少数之金钱,购多数有用之书籍,与大多数人民享受。"此格言每图书馆管理员,应当作金科玉律。骞动观美国各种大小图书馆百余处,而反顾我国图书馆之状况,不禁受无穷之感触,拉杂书此,希我国人于图书馆问题有所激动,则中国之教育前途,有厚望焉。

第五章　图书馆分类法

一定义　分类之法(Classification)自古以来,立论颇多,而良善者绝少。今先将其定义说明如下:

甲　英哲学家迈尔(Mill)云:凡物之属于一类者,必须有自然之顺序。今假定某种事物属于某类,而某类又按某种之排列。盖欲吾人易于辨别或记忆某种事物排列之法则耳。

乙　赫胥黎(Huxley)云:各种事物之分类,即用实在的或意像的整理法,将同类之事物放置一处,而将异类的事物另置他处,以明其性质之不同。排列之目的,在使易于鉴别,及记忆某种事物之特质耳。

丙　图书馆管理家克脱(Cutter)云:分类时集各种之书籍择其性之所同者,置于一处,是谓分类。

二分类时其大纲有二:

甲　自然的或论理的(natural or logical),即检其性质类似者置于一处。

乙　人为的(artificial),即将形式类似者排列于一处。

图书馆书籍若用严格论理的分类，势有所不能。图书馆书籍分类法，应多少采用人为的分类法。此法对于书籍的排列，出纳手续，及种种整理方法，应较论理的分类简便而适当，一也。

按书与书论理的关系：同是一书，其排列之次序，亦因各图书馆性质而异。今举一例以证明之：譬如，研究莎士比亚之哈母来忒的神经症，普通图书馆置该书于莎士比亚所著书一类，而医学图书馆将该书排列于神经症一类，二也。

一种书籍往往包含数种的学说，若用严格论理的分类，实有所不便。因一书在架上只能占一号数，而此一号数决不能包含数种的学说。故多少须应用人为的分类法，以济其穷，三也。

三古时分类法：

甲　中国如诗书易礼之分类法

乙　希腊亚力士多德分人类智识为三大类

1. 理想哲学：

Theoretical Philosophy
{
Physics　　　　物理
Mathematics　　数学
Metaphysics　　形而上学
}

2. 实用哲学：

Pratical Philosophy
$$\left\{\begin{array}{ll}\text{Ethics} & \text{伦理} \\ \text{Economics} & \text{经济} \\ \text{Politics} & \text{政治}\end{array}\right.$$

3. 外感哲学:

Productive Philosophy
$$\left\{\begin{array}{ll}\text{Poetics} & \text{诗} \\ \text{Rhetoric} & \text{辞} \\ \text{Arts} & \text{美术}\end{array}\right.$$

（四）一六〇三至一六二三,英国哲学家倍根氏的分类法如下:

1. History 史记(Memory)记忆

（a）Natural History 博物学史, astronomy 天文, Physicgraphy 地志, Physics 物理, Biology 生物

（b）Civil History 民事史, ecclesiastical 宗教, literary 文学, memorials 奏记议, annals 通鉴, Biographies 传记

2. Poesy(Imagination)虚想

（a）Narrative 叙事的

（b）Dramatic 戏曲的

（c）Prabolical(Mythalogy)譬喻的

3. Science 科学(Reason)理性

（a）Philosophy 哲学, Theology 神导学, Natural philosophy 自然哲学

（b）Human Philosophy 人类哲学, Physiology 生理,

46

Speech 言语

（c）Civil Philosophy 民事哲学, Law 法律, goverment 政治,Society 社会

再孔德（Comte）斯宾塞（Spencer）等各有学术分类法。

图书馆分类法

美国创始有统系并有记号之图书分类法,自哈理司（Harris W. T. 1870）始。哈理司分类法又名倒置倍根分类法（Inverted Baconian）。

A. Science（科学）

1. Philosophy（哲学）2. Religion（宗教）

3. Jurisprudence（法理）4. Politics（政治）

5. Natural Science（自然科学）6. Useful Arts（应用技术）

7. Mathematics（术学）

B. Art（艺术）

12. Fine Arts（美术）13. Poetry（诗）14. Pure Fiction（小说）

C. History（史记）16. Geography Travel（地理及游记）

D. Appendix（附录）

哈理司同时有法人薄洛纳（G. C. Brunet）亦发明一种有记号之图书分类法,名薄洛纳法,普通名之曰法国法（French Scheme）。

Class Ⅰ:Theology(神学)(将各种神学为十小分类)

Class Ⅱ:Jurisprudence(法理)

1. General Treatises on Law(普通法理)

2. Natural Law(自然法)

3. International Law(国际法)

4. Political Law(政治法)

5. Civil Law(民事法)

6. Criminal Law(刑事法)

7. Canon and Ecclesiastical Law(教会法)

Class:Ⅲ Sciences Arts(科学及艺术)

1. Dictionaries and Encyclopaedia(辞典及百科全书)

2. Philosophical Sciences(哲理学)

3. Physical and Chemical Sciences(物理及化学)

4. Natural Sciences(博物学)

5. Medical Sciences(医学)

6. Mathematical Sciences(数学)

7. Mnemonics(记忆学)

8. Fine Arts(美术学)

9. Technical Arts(技术学)

10. Gymnastics(体育学)

Class Ⅳ:Polite literature(优美文学)

Class Ⅴ:History(史记)

欲知近时图书馆分类法,须先知各种图书记号之特长及书库中图书之排列法。图书排列法之沿革,约可分为五时期:

(一)照登录号数之先后排列:一书之排列,按书籍购入之先后为次序,并不顾及书籍之性质及形式为何如。

(二)照图书之大小排列,完全不顾及书籍性质为何若,仅就表面形式而排列。

(三)照字母记号之先后排列,或数目记号之先后排列。

(四)照图书与书库及书库内部函架之固定排列(Fixed Location)。如 126430 即知该书在第一层楼第二号房间第六架上第四排之第三十号。此种数号,仅表明该书在书架上之固定位置,与分类号数毫不相涉。

(五)照书籍分类号数排列,书籍分类法,即采用论理的及人为的分类法混合而成。

普通所用之图书记号法如下:

(1)字母法;(2)数目法;(3)代名字法,如天干地支或千字文等;(4)字母及数目集合法。

此四种记号法,欲判其优劣,须先察其能否具有下述之五特点:

(1)易读,(2)易写,(3)易记,(4)易识,(5)易增减。

第一节　布郎氏分类法（Brown Classification）

Class A. Religion and Philosophy（宗教及哲学）

    1. Bible（圣经）

    2. Church（教堂）

    3. Theology（神学）

    4. Philosophy（哲学）

Class B. History, Travel and Topography（历史游记及地形）

    National Hirtory and Topography（国史及地形学）

    1. Europe（欧洲）

    2. Asia（亚洲）

    3. Africa（非洲）

    4. America（美洲）

    5. Australaria（澳洲）

    6. Polar Regions（南北两极）

Class C. Biography（传记）

    Dictionaries and General Collections（辞典及丛书）

Class D. Social Science（社会学）

    1. Society（社会）

    2. Government aud Politics（行政及政治）

    3. Law（法律）

4. Political Economy(法制)

5. Education(教育)

6. Commerce(商学)

Class E. Science(科学)

1. Biology(生物学)

2. Zoology(动物学)

3. Botany(植物学)

4. Geology(地质学)

5. Chemistry(化学)

6. Physiography(地文学)

7. Astronomy(天文学)

8. Physics(物理学)

9. Mathematics(数学)

Class F. Fine and Recreative Arts(美术及娱乐)

1. Architecture(建筑学)

2. Painting(油画学)

3. Sculpture&Carving(雕刻术)

4. Decoration(装饰学)

5. Engraving(雕版术)

6. Music(音乐)

7. Amusement(娱乐)

8. Sports(游戏)

Class G. Useful Arts(应用技术)

    1. Engineering(工学)

    2. Building & Mechanical Arts(建筑法及机械学)

    3. Manufactures(制造学)

    4. Agriculture & Gardening(农学园艺学)

    5. Sea & Navigation(航海术)

    6. Health and Medicine(卫生及医学)

    7. Household Arts(家政学)

Class H. Language and Literature(语言学及文学)

    1. Philology(语言学)

    2. Literary History(文学史)

    3. Bibliography(书目提要)

    4. Libraries(图书馆学)

Class I. Poetry and the Drama(诗及戏曲)

    1. Poetry(诗)

    2. Drama(戏曲)

Class J. Fiction(小说)

    1. Collections(集合)

    2. Miscellances(杂记)

    3. Collected Works(集合著作)

    4. Periodicals not in other classes(杂志之不在他类者)

第二节　美国国会图书馆分类法

A. General Works(总记)

B. Philosophy Religion(哲学及宗教)

C. History Auxiliary Sciences(史—扶助科学)

D. History & Topography(except American)〔各国史及地形(除美国)〕

E-F American(美国史及地形)

G. Geography Anthropology(地理及人类学)

H. Social Science(社会学)

M. Music(音乐)

N. Fine Arts(美术)

NA Architecture(建筑学)

NB Soulpture & Related arts(雕刻术)

NC Graphic arts in general Drawing & Design(绘图)

ND Painting(油画)

NE Engraving(雕版术)

NF Photography(in art)(摄影术)See TR.

NK Art applied to industry Decoration & Ornament
(应用美术 装饰学)

P. Language & Literature(语言学及文学)

PN – PV Literary History Literature(文学史,文学)

Q. Science(科学)

R. Medicine(医学)

S. Agriculture, Plant & Animal Industry(农学,植物学及动物学)

T. Technology(工艺学)

U. Military Science(陆军学)

V. Naval Science(海军学)

Z. Bibliography & Library Science(目录学及图书馆学)

第三节　克脱氏展开分类法
(Cutter's Expansive Classification)

A General Works(总计)

    Ap General Periodicals(普通杂志)

    Ar Reference Works(参考书)

    As General Societies(学会)

B Philosophy(哲学)

    Bh Logic(论理学)

    Bi Psychology(心理学)

    Bm Ethis(伦理学)

    Br Religions(宗教)

    Cc Christianity(基督教)

E Biography（传记）

F History，Antiquilies（古代历史）

G Geography，Travels，Maps，Manners & Customs（地理,游记,地图,民情及风俗）

H Social Sciences（社会学）

 Hb Statistics（统计学）

 Hc Economics（经济学）

 Hk Commerce（商学）

 Ht Finance（财政学）

I Social problems（社会问题）

 Ik Education（教育）

J Government（政治）

K Law（法律）

L Natural Science（自然科学）

 Lb Mathematics（数学）

 Lh Physics（物理学）

 Lo Chemistry（化学）

 Lr Artronomy（天文学）

M Natural history（博物史）

 Mg Geology（地质学）

 My Biology（生物学）

N Botany（植物学）

O Zoology(动物学)

Pw Anthropology, Ethnology(人类学,人种学)

Q Medicine(医学)

R Arts (General Works, Exhibitions, Patents, Metric arts)〔技术(总记,展览,专卖,尺度法)〕

　Rd Mining & Metallurgy(矿学及冶金术)

　Rg Agriculture(农学)

　Rt Chemic & Electric arts(化学及电学技术)

　Ry Domestic arts(家政)

S Enginecring & Building(工程及建筑)

T Manufactures & Handicrafts(制造及手艺)

U Military & Naval arts(陆军及海军学)

V Athletic & Recreative arts(竞技及娱乐)

　Vv Music(音乐)

W Graphic & Plastic arts(书画及黏土术)

　We Landscape Gardening(园艺学)

　Wf Architecture(建筑)

　Wg Sculpture(雕刻术)

　Wp Painting & drawing(彩色画及图画)

　Wq Engraving(雕版术)

　Wr Photography(摄影术)

　Ws Decorative arts (including costume)〔装饰术

（包括服装）〕

X Language（语学）

Y Literature（文学）

  Yf Fiction（小说）

Z Book Arts

  Zp Libraries（图书馆学）

  Zt Bibliography（目录学）

  Zy Literary History（文学史）

第四节　杜威氏十分分类法
（Dewey's Decimal Classification）

000 General Works（总记）

  010 Bibliography（目录学）

  020 Library Economy（图书馆经济学）

  030 General cyclopaedias（普通百科全书）

  040 General Collections（丛书）

  050 General periodical（普通杂志）〔periodicals on special subjects are classed with that subject（专门杂志分列于专门各部）〕

  060 General Societies（学会）

  070 Newspapers（新闻纸）

  080 Special Libraries polygraphy（i. e. Collected

works(特别文库,摘录)

090 Book rarities(古书抄本)

100 Philosophy(哲学)

110 Metaphysics(形而上学)

120 Special metaphysical topics(形而上学之特别著作)

130 Mind & body(心理及身体)

140 Philosophical Systems(哲学系统)

150 Mental Faculties(心理学)

160 Logic(论理学)

170 Ethics(伦理学)

180 Ancient Philosophers(古代哲学)

190 Modern Philosophers(近世哲学)

200 Religion(宗教)

210 Natural theology(自然神学)

220 Bible(圣经)

230 Doctrinal theology Dogmatics(信条神学教义)

240 Devotion & practical(信仰及实用)

250 Homiletic,pastoral,parochial(宣教师)

260 Church, Institution & Work(教堂事业及功绩)

270 Religions History(宗教史)

280 Christian churches & sects(基督教会及宗派)

290 Non – christian religions(杂教)

300 Sociology(社会学)

310 Statistics(统计)

(Statistics of a special subject are classed with that subject)特别事件之统计分列于各部

320 Political science(政治学)

330 Political economy(法制学)

340 Law(法律)

350 Administration(行政)

360 Associations & Institutions(社会及制度)

370 Education(教育)

380 Commerce(商学)

390 Customs, Costumes, Folk lore(风俗,服装,及民俗学)

400 Philology(语学)

410 Comparative(比较语学)

420 English(英语)

430 German(德语)

440 French(法语)

450 Italian（意语）

460 Spanish（西班牙语）

470 Latin（拉丁语）

480 Greek（希腊语）

490 Minor languages（其他各国语）

500 Natural science（自然科学）

510 Mathematics（数学）

520 Astronomy（天文学）

530 Physics（物理学）

540 Chemistry（化学）

550 Geology（地质学）

560 Paleontology（古代生物学）

570 Biology（生物学）

580 Botany（植物学）

590 Zoology（动物学）

600 Useful Arts（应用技术）

610 Medicine（医学）

620 Engineering（工学）

630 Agriculture（农学）

640 Domestic economy（家政）

650 Communication, commerce（交通学商务）

660 Chemical technology（化学工艺）

670 Maunfactures（制造学）

680 Mechanical trades（机械学）

690 Building（建筑法）

700 Fine arts（美术）

710 Landscape gardening（园艺学）

720 Architecture（建筑学）

730 Sculpture（雕刻）

740 Drawing Design, Decoration（图书装饰）

750 Painting（油画）

760 Engraving（雕版术）

770 Photography（摄影术）

780 Music（音乐）

790 Amusements（娱乐）

800 Literature, including Fiction（文学,包括小说）

810 American（美国文学）

820 English（英国文学）

830 German（德国文学）

840 French（法国文学）

850 Italian（意国文学）

860 Spanish（西班牙文学）

870 Latin（拉丁文学）

880 Greek（希腊文学）

890 Minor Languages(其他各国文学)

900 History(历史)

910 Geography & Travel(地理及游记)

920 Biography(传记)

930 Ancient History(古代史)

940 Modern History – Europe(近代史－欧)

950 Modern History – Asia(近代史－亚)

960 Modern History – Africa(近代史－非)

970 Modern History N. America(近代史－北美)

980 Modern History S. America(近代史－南美)

990 Modern History Oceanica & Polar Regious

(近代史－大洋及地极)

克脱氏格式分类法：

1. Theory(理论)

2. Bibliography(目录)

3. Biography(传记)

4. History(史记)

5. Dictionaries(字典)

6. Handbooks(手册)

7. Periodical(杂志)

8. Societies(社会)

9. Collected works(集)

杜威氏格式分类法：

01 or. 1 Theory（理论）

02 or. 2 Outlines（概略）

03 or. 3 Dictionaries（字典）

04 or. 4 Essays（论文）

05 or. 5 Periodicals（杂志）

06 or. 6 Socities（社会）

07 or. 7 Study & Teaching（教课,学业诸书）

08 or. 8 Polygraphy（丛书）

09 or. 9 History（史）

第五节　清华学校图书馆分类法

书目分类,包涵哲学学理,实为一种专门之学。虽古今来研究斯学者不乏其人,而新书之出版无穷,分类之准绳亦因之递变。我国目录之兴,始于《汉书艺文志》;四部之别,肇于唐秘府藏书;而集大成于清四库提要。丛书汇刻,昉于宋左禹锡之《百川学海》。迨清张南皮《书目答问》出,遂于四部外别标丛书为专部。于是经史子集丛书五部目,遂为吾国旧籍分类之准绳。西国书目分类之学,起于英之倍根（Bacon）,其后研究者项背相望,如斯宾塞（Spancer）、哈理司（Harais）、布郎（Browrn）、克脱（Cutter)、杜威(Dewey)。美国国立图书馆各有分类法,而其中尤以杜氏之十分法为最便利适用。其在泰西之价值,以视吾国之四库提要,犹驾而上之。然尤不能无訾议。盖天下事理有较善而无至善,殆进化之公理也。吾人向者以为博览群书,即可极编目之能事。然按之事实,未必尽然。见仁见智,本自不同。每一书出,各种学理互相牵连,往往有一书归入此类,归入彼类,各有理者。分析愈微,此种困难愈觉层见叠出。推乎西书分类亦何独不然?故分类之在今日,正值研究时代,未可据一家之言以为断也。图书馆之编目,固当根据分类之学,然与研究分类者不同。盖彼主学理,而此重应用;于应用上倘无窒碍,则不复深求。本馆分类但使一般阅书者易于检寻,而关于管理图书者之便利,亦并及焉。兹分述如下:

(一)编目应代阅书者设想,使所有书籍如何定分类之号数,如何定顺置之次序,如何定庋藏之方法,俾阅书者一检即得也。我国旧时编目,只有分类,并无分类号数。故欲使阅书者检寻容易,当使该书在所置之架上,或所藏之箱内,有一定之位置而后可。然或箱架皆满,而又有同类之书添入,势必至无地可容,而另设箱架,久则同一类之书分置数处。一图书馆中之书如此藏置,不独表面失整齐划一之美观,且欲阅一类之书,势必分赴各处检取,仍感不便。本馆编目,参照欧美最近编目方法:首编

64

分类号数;次定各类各属之目,分隶于号数之后,成一有系统之组织;然后将各书纳入。于是每书各有其属于何类何属之号数。藏书者按号数属类之次序,顺置架上,则凡同类同属之书,永置一处。即每类有新添书籍亦易插入。因照此法编制书在架上,尽可伸缩移动。只须其号数之次序不变,即无纷乱之虞;且有任意扩张之余地,以备后来之子目,源源添入。盖一种编目不仅为当代载籍之用,必阅数十载后亦能入我范围,乃为难能而可贵耳。

(二)编目应为掌书籍出纳者设想,研究如何而使借书手续简便;如何而使逾限及已借出之书籍系何人何日借去,一查便得。盖一图书馆之设,必每日有数十百人借阅,亦能应付裕如。故编目之外,应编一种借书片及藏书片之袋置于书内。该书借出时,即将借书片登记借书人姓名日期后留下(其详另载)。如此既省手续,又便检查,且一借书片可用数十次之多,亦断无糜费之虞。

(三)编目应参用世界各国通例,不能墨守一国之故习也。我国向用经史子集丛书为分类部目,历年以来,编目者悉遵用之。然自万国沟通,世界图籍流入中国者,科目繁复,卷帙纷杂,断非五部所能概括;即强令新籍纳入旧籍之中,旧时之籍有限,而新出之书无穷。势必此一部之书,逐渐增加;彼一部之书,相形见少。且古代之书,以科学眼光观之,往往时而经济,时而军事,时而哲学,时而物理,不能与科学书合而为一;强相牵附,只增纷扰耳。今欧美图书编目分类,条分缕析,纲举目张,其界限厘然划然,用之于西籍及科学各书固当;若以吾国性质笼统含浑之旧籍入之,殊觉枘凿难容。故本馆编目将新旧各书分开。旧书仍照原有经史子集丛书分为五部;新书则参用杜威十分法分为十部。合新旧书共为十五部,以概括吾国一切书籍。庶使后出之书,亦得次第加入。惟是本馆编目事出草创;贻讥之处,知所不免。所望海内宏达,进而教之。使吾国书目,日臻完善,则岂惟为本馆之私幸哉。

暂定清华图书馆分类简目

(附注)本馆中文书籍分类,暂定旧籍新籍两种:旧籍分为经史子集丛书五门;新书仿杜威十类分类法分为十门而稍加变通。新书细目可参看杜氏分类法原本,兹从略。

旧籍分类纲目

　　经部

经000 群经类

　经000 群经合刻本

　经010 群经总义

经100 易类

经200 书类

经 300 诗类

经 400 礼类

　经 410 周礼

　经 420 仪礼

　经 430 礼记

经 500 春秋类

　经 510 左传

　经 520 公羊

　经 530 谷梁

经 600 四书类

　经 610 学庸

　经 620 论语

　经 630 孟子

经 700 孝经类

经 800 尔雅类

经 900 小学类

　经 910 说文

　经 920 字书

　经 930 训诂

　经 940 韵书

　史部

史 000 总史类

史 000 正史合刻本

史 010 正史分刻本

史 020 编年

史 030 纪事本末

史 040 古史

史 050 别史

史 060 载记

史 070 杂史

史 080 传记

史 100 诏令奏议类

史 110 诏令

史 120 奏议

史 200 时令类

史 300 地理类

史 300 总志(附图)

史 310 都会郡县志(附图)

史 320 河渠

史 330 山川

史 340 边防

史 350 外纪

史 360 游记

史 370 舆地丛记

史 400 政书类

  史 410 历代通制

  史 420 各代旧制

  史 430 仪制

  史 440 法令

  史 450 军政

  史 460 邦讨

  史 470 外交

  史 480 考工

  史 490 掌故杂记

史 500 职官类

  史 510 官制

  史 520 官箴

史 600 谱录类

  史 610 书目

  史 620 家乘年谱

  史 630 姓名年齿

  史 640 盛事题名

史 700 金石类

  史 710 目录

  史 720 文字

  史 750 图象

史 760 义例

史 800 史钞类

史 900 史评类

史 910 论史法

史 920 论史事

子部

子 000 诸子类

子 000 诸子合刻本

子 010 诸子分刻本

子 020 杂家

子 030 类书

子 100 儒家类

子 200 兵家类

子 300 法家类

子 400 农家类

子 500 医家类

子 600 天文算法类

子 700 艺术类

子 800 释道阴阳类

子 810 释家

子 820 道家

子 830 术家

子 900 小说类

    集部

集 000 总集类

    集 010 诗文

    集 020 文

    集 030 骈文

    集 040 经世文

    集 050 书牍

    集 060 课艺

    集 070 诗赋

    集 080 词曲

    集 090 科举文

集 100 楚词类

集 200 先唐别集类

集 300 唐别集类

集 400 宋别集类

集 500 金元别集类

集 500 明别集类

集 700 清代集类

集 800 现代别集类

集 900 诗文评类

    丛书部

（附注一）丛书所收，四部兼赅。故本馆于每书编有总目片外，其中细目另备分析目片，附入四部内，以便检查。

（附注二）丛书总目片分类号数，仿西书传记编法，概以丛字冠于著者朝代及其姓氏笔划数之上。

新籍分类简目

000　总记部

010 目录学类

020 图书馆组织法类

030 百科全书类

040 丛书选集类

050 普通杂志类

060 普通学会及学术陈列所类

070 报章类

080 特别文库类（系他人存储另藏一处者）

090 善本类

100　哲学类

110 理学类

120 理学各论类

130 心理学类

140 伦理学类

150 论理学类

72

160 哲学派别类

170 古代哲学家类

180 近世哲学家类

190 宗教类

200　教育部

210 国家教育类

220 教育学类

230 管理法类

240 教授法类

250 学校体育卫生类

260 学校出版类

270 幼稚园及家庭教育类

280 特殊教育类

290 社会教育类

300　政法部

310 统计类

320 政治类

330 经济类

340 法制类

350 行政法规类

360 社会学类

370 会社院馆类（指慈善事业者）

380 实业政务类

390 习俗礼制类

400　兵事部

410 军政类

420 兵法类

430 训练类

440 工程类

450 器械类

460 陆军类

470 海军类

480 航空战术类

490 军事余项类

500　科学部

510 数学类

520 天文类

530 物理类

540 化学类

550 地质学类

560 化石学类

570 生物学类

580 植物学类

590 动物学类

600　实业艺术部

　　610 医学类

　　620 工程汽机学类

　　630 农业类

　　640 家政类

　　650 交通及商业类

　　660 化学工艺类

　　670 制造类

　　680 手艺类

　　690 土木工程类

700　美术部

　　710 风景庭园术类

　　720 建筑学类

　　730 石工雕刻术类

　　740 装饰术类

　　750 绘画类

　　760 雕板数类

　　770 摄影术类

　　780 音乐类

　　790 游艺类

800　文学语学部

　　810 文典及修辞学类

820 文学读本类

830 诗歌类

840 戏曲类

850 演说类

860 文牍类

870 新文学类

880 小说类

890 杂著类

（附注）此部书籍关于各国地理号数悉照杜威氏所定者加入各类分类号数之后。

900　历史地理部

910 地理游记类

920 世界名人传记类

930 外国古代史类

940 欧洲近世史类

950 亚洲近世史类

960 非洲近世史类

970 北美近世史类

980 南美近世史类

990 澳洲及地极近世史类

（附注）关于史舆部书籍各国地理记号悉用杜威氏原定号数。

第六节　日本帝国图书馆分类法

第一门　神书及宗教

　一　总记

　二　神书

　三　佛教

　四　基督教

　五　杂教

第二门　哲学及教育

　甲　哲学

　　一　总记

　　二　论理

　　三　心理

　　四　伦理

　　五　支那哲学(儒书及诸子)

　乙　教育

　　一　总记

　　二　普通教育

　　三　高等教育

　　四　特种教育

　　五　学校外教育

第三门 文学及语学

甲 文学

一 总记

二 日本文学（总记和歌和文戏曲俳歌滑稽文学）

三 支那文学（总记诗汉文）

四 欧美文学

五 小说

六 演说及论说

七 书目

乙 语学

一 总记

二 国语

三 外国语

四 速记法

第四门 历史，传记，地理，纪行

甲 历史

一 总记及万国史

二 日本史

三 外国史

乙 传记

一 总记

三　机械科学

四　电气工学

五　建筑学

六　采矿学

七　造船学

八　航海

乙　兵事

一　总记

二　陆军

三　海军

丙　美术及诸艺

一　美术

(1)总记

(2)书画

(3)雕刻

(4)金漆绘及漆器

二　音乐(附乐舞)

三　写真及印刷

四　武艺及体操

五　游技及娱乐(茶道,围棋,能乐,演剧,
相扑等)

丁　产业

一　总记

二　农业(附茶叶)

三　园艺(附果树栽培)

四　山林

五　牧畜及养禽

六　水产及鱼业

七　蚕桑及制丝

八　商业(附度量衡,交通,簿记)

九　工艺(机械工艺,化学工艺,附手艺)

十　家政

第八门　类书,丛书,随笔,杂书,杂志,新闻纸

一　类书

二　丛书

三　随笔

四　杂书

五　杂志

六　新闻纸

第七节　图书馆分类法之评断

(一)布郎氏分类法:(1)科学及书用科学之工艺品等类,尚未分析清楚;(2)记号法缺乏增减之能力;(3)未有

别种分类法之长处。

（二）美国国会图书馆分类法：（1）只能适用于最大之图书馆；（2）记号法兼用字母及数目故易混杂；（3）缺乏论理的分类式；（4）尚未完全编就。优美之点如下：

（1）极易增减；（2）适用于最大之图书馆；（3）注重地理（Geographical）分类法。

（三）克脱氏分类法：

优劣诸点各如下列：

（1）清楚；（2）与现世学术及论理的分类甚相似；（3）记号法简单易记忆；（4）含有弹力性；（5）注重地理分类法；（6）排列图书时之手续不易；（7）各类轻重不一；（8）无索引目录；（9）非熟于分类者，不能使用。

（四）杜威氏分类法之优点如下：

（1）简单；（2）有柔韧性；（3）记号易记易识，有前述之五特点；（4）小册，信札，簿记，均适用此种分类法；（5）数目记号已通行于全世界；（6）有详细索引目录；（7）门类轻重划一；（8）便于参用。

曾有攻讦杜威氏分类法者曰：（1）机械式；（2）无科学上之统系，如语学与文学相离极远，哲学制一类夹入于实验心理及心理学之中间。卜士克（Biscol）及尔力吉特生（Richardson）等（二人皆分类学名家）曰：杜威未曾云其分类法为理想中完全之分类法；然此法之奥妙，正在不以分

类者之主观而分类,故其法有实用之功效,现时各图书馆
采用此法者,占总数百分之七十五,岂偶然哉? 理想之分
类,务必包括以下五点:

1. Logical(论理的)

2. Geographical(地理的)

3. Chronological(依年代的)

4. Alphabetical(字母的)

5. Linguistic(方言的)

论分类法有价值之书籍如下:

1. Brown, J, D, Library Classification and Catalogicing;
pub. by Grafton London.

2. Richardson, E. C. Classification, pub. by Scribners
N. Y.

3. Sayers, W, C, B, Canons of Classification pub. by
Grafton London.

4. Bostwick, A. E. American Public Library, Pub. by Ap-
pleten, N. Y. (Chap. 12)

5. Bacon, Corinne, Classification pub. by American Li-
brary Association Chicago.

6. Dewey, Melvil, Decimal Classification and Relative
Index, Forest Press, Lake Placid, N. Y.

7. Cutter, C. A. Expansive Classification Boston.

第六章　图书馆编目法

图书是一种宝库;而目录者,宝库之键也。图书馆虽有多数可读之书,而不讲编目之方,利用之法,于阅者终无利益。其编目方法愈善,则阅者愈得便益。然编成目录极难,而手续亦繁。今先将目录必具之特点叙述之:

（一）目录须可阻止购置复本。

（二）目录须为图书馆各种册籍之主要,并须能划一各种记载之方法。

（三）目录须使阅览者在最短时间内,得悉该馆有此种书籍或论著与否。

（四）目录须能省管理者之强记。

（五）目录须使出纳科之手续,迅速便利。

目录之种类,可分三种:

（一）书片目录;

（二）书簿目录;

（三）印刷目录。

无论书片或书簿目录,均应包括以下四种之目录:

（一）著者目录　著作者置于片上之第一行。

（二）书名目录　书名置于片上之第一行。

（三）件名目录　用红色书于片之最高部,余按著者目录片式。

（四）分类目录　按类名排列于目录片抽屉内,如杜威分类哲学书籍,皆置于宗教书籍之前。

今将此数种书片目录各列一式如下。

(1)西文书著者目录片

973.3	著者之姓名	子爵
T 81	美国革命史 出版地,出版者,出版年,(最初出版年——最后出版年) 三册,　地图,　廿一生基米突	新版

(2)西文书书名目录片

973.3	美国革命史	出版年
T 81	三册 著者之姓名	

(3)西文书件名目录

973.3	合众国史,革命史,1775 年至 1783 年
T 81	著者之姓名　　　　　　　　子爵 美国革命史　　　　　　　　新版… 出版地,出版者,出版年(最初出版年——最后出版年) 三册　地图　廿一生基米突

(1)主要目录片之背面记录式

第一册　第二册 登录号数	编目者之姓名 合众国史一八一二年之战争 海权 编辑者之姓名 第二合著之姓名 丛书名 书名 已查得之著者姓名(书内无此姓名)

(2)件名目录片之参照式

	飞禽学 　　　可查得于此目录中在 鸟属

(3)同上

古传,　　　　　　　　　参考

神话

寓言

神仙谭

(4)编译者目录片

842	编译者之姓,名	翻译及编辑
M12	原著者之姓,名	
	书名⋯⋯⋯1876 – 77 年　三册	

(5)合著者之目录片

| 915 | 姓,名,及　姓,名 |
| A43 | 书名 |

出版地　出版者　出版年(最初出版年)二三四页　　　　插画

(6)合著者之件名目录片

915	亚洲　游记
A43	姓,名,及　姓,名
	书　名……………………………

出版地 出版者,出版年(最初出版年)二三四页　　　　　插画
肖像一九五生基米突

(7)合著之第二著者目录片

915	第二著者之姓,名及第一著者之姓,名
A43	书名…………………………出版年

(8)合著之书名目录片

915	书名………………出版年
A43	姓,名及姓,名(名可缩写)

(9)参照著者称号目录片

姓名	第一次男爵 Auebury
看	(地名)
爵号地名,名,姓	第一次男爵

(10)参照著者最习知之姓名之目录片

女子未婚时姓,名   参看
已婚后姓,名   (未婚时姓)

(11)同上

已婚后姓,名   参看
女子未婚时姓,名

(12)参照著者译名目录片

Göthe   (著者之姓)   看
Goethe
凡德语之 A, ö, ü 即 oe, æ, ue, 之省略

(13)丛书编辑者目录片

姓,名   编辑
 美国平民政治
  属于此类丛书之书籍于此目录中可于标目
 美国平民政治者觅得

(14)丛书目录片

	万国科学丛书			
613.7	卷六六	著者之姓,名	书名……………	
L17		…………………	出版年	
581	卷六三	著者之姓,名	书名……………	
H52		………………		
5237	卷三四	著者之姓,名	书名　出版年	
Y69				

(15)丛书中一种之著者目录片

975.5	著者之姓,名		
C77	书名…	出版地,	出版者
	出版年(最初出版年)五二三页,地图　一八生基米突		
	(美国平民政治)		

(16)丛书与编辑者目录片

	美国平民政治;		(名)	(姓)	
975.5			H. E.	Scudder,	编辑
C77	书名;	(名)	(姓)		
		J. E.	Cooke　著		出版年
G74.7	书名;	(名)	(姓)		
		E. H.	Roberts　著		出版年
G77.4	书名;	(名)	(姓)		
C77		T. M.	Cooley　著		出版年

(17) 匿名著者目录片

817	（著者之真姓，名.）
C625	书名　　Mark Twain 著（著者之变称）
	出版地，　出版者（最初出版年——最后出版年）
	二册合订一册　　图　　二〇·五生基米突

(18) 匿名著者书名目录片

817	书名	（最初出版年——最后出版年）
C625t	（著者之真姓名）	

(19) 匿名著者参考目录片

姓，名，	（变名）	参看
(真)姓，名		

(20) 主要分析目录片

821	著者姓(名)
A736	书名及各篇著者之姓　　出版地 出版者，
	出版年　　二八一页　　廿一·五生基米突

(21)著者分析目录片

821	第二篇　著者之姓,名
	书名　　　　　（在第一篇著者姓名）　　　　　书名
	及各篇著者之姓　　出版年　　九九页至二三〇页

(22)主要分析目录片

821	第一篇著者姓,名
C693r	…书名,及第二篇书名,著者名姓
	出版地　　　　出版者　　　出版年(最初出版年)
	五八页两篇　　　十九生基米突

(23)书名分析目录片

821	…书名　　　　　　　　　出版年
C693r	第一篇著者姓,名(用缩写)

(24)著者分析目录片

821	第二篇著者姓,名
C693r	第二篇书名　　　　　　　　（在第一篇著者
	姓,名　　　…第一篇书名　　出版年(三三页至五八页)

(25) 书名分析目录片

821	第二篇书名
C693r	第二篇著者姓,名
	（在第一篇著者姓,名　　　…第一篇书名
	出版年　　（三三页至五八页）

(26) 主要分析目录片

948.1	著者姓,名
K24	书名　　　　　出版地 出版者，　出版年
	四〇七页　　地图，　　一七,五生基米突
	包括挪威野花一章,著者名姓在三七四页至三九四页

(27) 著者分析目录片

948.1	挪威野花著者姓,名
K24	挪威野花一章之名　　　　（在著者姓,名 书名
	出版年　　　三七四页至三九四页）

(28) 件名分析目录片

948.1	植物学·野花类·挪威
	挪威野花著者姓,名
	挪威野花一章之名　　　　（在著者姓,名　　书名
	出版年三七四页至三九四页）

（29）一书有两事项之件名分析目录片

917.3	迦拿大·游记
C77	著者姓,名
	第二册　书名
	在著者之论美洲一书内　　出版年　　第二册
	（三九七页至五一四页）

（30）同上

914.2	园名,苏格兰·叙述
B79	著者姓,名(未婚时姓)
	书名
	（在著者之述七园——皇宫书内　出版年(一一九页至二三四页)

（31）主要目录片(31－32)页数互相连接之书名分析目录片

T27a	著者姓,名
	书名(另一篇)传记名　　　　　　出版地
	出版者　一八八八年　　二九○页　　一九·五生基米突

（32）分析目录片

T27a	传记名
	著者姓,名
	（在著者之书名　一八八八年(一三九页至一九五页)

（31 - 35）著者与件名分析目录片,此书有两著者各著一篇其页数亦不连接。

(33)主要目录片

916	书名	第二篇书名		著者名姓
W52	出版地 出版者	一八三三年	一二四页至一七七页	
	一七·五×一〇生基米突			

(34)著者分析目录片(题名纸各别)

916	第二篇著者姓,名
W52	第二篇书名… 出版地 出版者
	一八三三年 一七七页 一七·五×一〇生基米突
	（在第一篇书名 一八三三年〔第二篇〕）

(35)件名分析目录片

216	贩奴业
W52	第二篇著者之姓,名
	第二篇三书名… 出版地 出版者
	一八三三年 一七七页 一七五×一〇生基米突
	（在第一篇书名一八三三年〔第二篇〕）

杂志编目法

(1)主要目录片（卷帖完全者）

905	英国历史杂志 一八八六年——	
E58	出版地 出版者	
	本馆有	
	第一卷至第十卷	一八八六至一八九五年
	第十一卷至二十卷	一八九六至一九〇五年
	第二十一卷至第二七七卷	一九〇六至一九一二年

续下片

2

905	英国历史杂志，索引目录…第一至第二十卷，
E58	一八八六至一九〇五年 出版地
	零册一 出版者 一九〇六年 至九页 二五·五生基米突

续下片

3

905	每年出版四次	
E58	第一至第五卷	克雷登编
	第六卷	克雷登加笛拿及蒲尔编
	第七至十六卷	加笛拿及蒲尔编
	第十七卷至——	蒲尔编

(2)件名目录片

905	历史	杂志
E58	英国历史杂志	
	关于本馆所有此杂志之卷数,希参观	
	英国历史杂志	

(3—5)编辑者目录片

905	克雷登,名	编辑
E58	英国历史杂志	一八八六至一八九一年
一至六卷	第一至六卷	

905	加笛拿,名	编辑
E58	英国历史杂志	一八九一至一九〇一年
六至十六卷	第六至第十六卷	

905	满尔,名	编辑
E58	英国历史杂志	一八九一——一九〇一年
六卷至卷——		

(6)主要目录片(卷帖不完全者)

051	世界杂志　一九〇〇年十一月————出版地
W92	出版者　　插画
	本馆有
	第一至第九卷　　　一九〇〇年十一月至一九〇五年四月
	第十二至第十八卷　一九〇六年五月至一九〇九年十月
	○
	续下片

	2
051	每月出版一次
W92	第一至第十八卷　　互奇编

(7)编辑者目录片

051	互奇,名　　　　　　编辑
W92	世界杂志　　第一至第九,第十二至第十八卷
	(一九〇一年)至一九〇九年

关于编目应用之书籍

1. Crawfard, E Cataloguing. Lib. Bureau. Chicago
2. Cutter, C. A. Rules for a Dictionary Catalog Gevernment Printing Office Washingten.
4. Cutter, C. A. Explanation of the Cutter – sanborn Auther – marks. Lib. Bureau Chicago
5. ,,   Alfabetic – order Table, Lib Bureau Chicago
6. Drwey, M. Library School Rules.   ,,   ,,   ,,
7. A. L. A. Catalog Rules. A. L. A, Chicago
8. N. Y. State Library School Cataloguing Rules, Albary.
9. Bishop, W. W. Practical Handbook of modern Library Cataloguing, N. Y.
10. Foote F. R. Cataloguing for small College Libraries. A. L. A. Bulleton, A. L. A. Chicago.
11. Hitchler, T. Cataloguing for small Libraries A. L. A. Publishing Boaod, Chicago

和汉图书目录编纂概则

（节录图书馆小识———页至——七页）

第一 书名

（一）书名以记诸卷首为主，不可删改变更。

（二）卷首无书名，则就标签封面或半封面所题，择书其最适当者。

（三）标签封面或半封面所记书名，与卷首书名不同，或同为一书而有异名者，宜加补注并备参照。

（四）缺书名者可另选适当之名称，其不备者则补正之。

（五）合订书及有独立书名之附录，应将书名——分出。

（六）分期刊行之书名，可除其顺序之号数，而仅标其书名。

第二 著者

（一）记录著者以书其本名为原则；如著者用别号或他名时，应加补注，以备参照。但关于文学艺术著者以其最通行之名号代其本名时，亦宜附列本名，并备参照。

（二）著者本名有一部分不令知者，可于不知之处用其别名。

（三）丛书可取编者之名，所收之书则用著者之名。

（四）府，县，市，町，村协会，及其他团体所著者，则取用团体之名，如有特记著者之名者，宜加补注，并备参照。

（五）翻译书，较订书，注释书等，于原著者，翻译者，较订者，注释者均应分列记名。但注释书不载本文者，原著书人名可以省略。

（六）二人合著者，则记二人；三人以上合著者，则取最先一人名记之。应于必要，亦得将各著者之名，一一记出。

（七）著者如系外国人，则记录著者之名外，并宜揭其国籍。

第三　出版及书写之条件

书名及著者之后，宜记下列诸项；但在括弧内者，编纂时可随意取舍。

（一）刊本写本之区别。

（二）出版地。

（三）出版年月。

（四）版式及书写之种类。

（五）出版次数。

（六）卷数及册数。

（七）图书之尺寸。

（八）装订之种类。

（九）出版人。

（十）（地图及肖像或不在本文中之图画。）

第四　目次备考及杂件

（一）目次但记书名，并揭载书中难解之处。

（二）便于搜索图书之参照，及明了其性质之备考，必一体附入。

（三）略语符号及书式，宜从别定之式规定。

第五　排列

（一）书名及其他之排列，都按五十音顺序。

（二）书名及著者之名有二种以上读法者，宜择其最适当者而排列之，并附列其他读法，以备参照。

（三）书名有冠称者，可别除之；但按本称排列，如冠称取舍不定者，应于必要可附以参照。

（四）同一之书有刊本写本二种者，则先列刊本。

（五）同一之书共为刊本者，则先列其刊行在前之本。

附录

概则第二之注：

（七）可记入英美法唐宋清高丽朝鲜等。

概则第三之注：

（二）记入发行所之地点。

（四）写真版影写等。

（八）和装洋装轴帖等。

（九）无出版署名人者，可记入博文馆三省堂等发行所名。

概则第四之三项：

（其一）略语：

（甲）著：—著述，著作，撰述，撰著，讲述，口授，等。

（乙）编：—编辑，编纂，辑录，纂辑，编次，等。

（丙）译：—翻译，译述，等。

（丁）注：—标注，傍注，增注冠注，等。

（戊）补：—增补。

（己）写：—写本。

（庚）刊：—刊本。

（其二）符号：

（甲）〔〕补足文字用者。

（乙）（）补注用者。

（丙）？示疑义者。

（丁），示绝句者。

（其三）书式：

书之形式，原无一定。

西书著者书名目录编纂略则

（节录《图书馆小识》一三四页至一四四页）

编定此略则,系以美国图书馆协会共同事业委员所编者为蓝本,稍加取舍而折衷者也。此中于东馆(东京帝国大学附属图书馆)不采用事项,用◎以为区别。文中所称东馆,即指东京帝国大学附属图书馆而言。

(一)记入书籍,应用下列之语:

一一著者姓字:苟著者之名不存,则以 anon(anonum),即"无名"之义)一语代之。

二一著者之名之首字(Initials):须以其最后者,置诸最初之部位。

三一无著者真名时,则从其化名。

四一丛书编辑者之名。

同时所采各著述,一一分出记入。

五一对于出版物,有责任之国都市、团体等之名。

六一分期刊行及不知著者名之书籍,可除其号数,记其最初之语,而移其号数于后部适当之处。所谓最初之语,当除其冠词计之,示格言(Motto)或分统(Seric)等语,冠于书名之前者,亦须除去,而以其次为真正书名之第一语。

七—随本文之注释及一切翻译,可记入原书标目(Heading)之下。其不随本文之注释,应于注释者名下,题"就于某书之注释"。即随本文者,亦应将注释者名,记原书标目之下。

八—圣书(Bible)或其一部(含有 apocryphot 者),不论系何国语,可记入 Bible 语下。

九—"犹太经传"及"回回经典"(并其一部)可记入 Talmud Koran 之下。其他宗教之圣典,可记入该圣典于世人尽知者名称之下。

惟本书编辑者翻译者等之名,可附列本书参照(Reference)。

十一—书籍具有二人以上之著者,可记入最初一人名字之下,其他一一附列,以备参照。

十一—民事诉讼报告,可记入原告者姓名之下;刑事诉讼报告,则记入被告者姓名之下。关于船舶之法律事件,可记于该船舶名之下。

十二—贵族可记于其称号(Title)之下。惟其姓名,世多知者,则不在此限。

十三—宗教上之贵显,除法王及国君外,其他均记于其姓名之下。

十四—国君,除(希腊罗马之国君)凡有士之君长,东方之著者及法王等,仅其最初之名,见知于世者,则记于最初之名之下。

十五—结婚之妇人,及其他更变姓名之人,皆记于其最知于世之姓名之下(大都列最终之姓名,而以他姓名与之参照)。

十六—变名(Pseudonym)。得用以代其姓名,但以该著者变名当世知者较多为限,仍应附列本名,以备参照。

十七—团体可记于最初名称(除冠词)之下。其他名称见知于世者,亦宜附列,以备参照(大概标出团体本部所在地之名称,再记团体之名称于其后;惟此以地名为团体名称之一部者为限)。

十八—参照(Reference)。若一著者有二个以上姓名见知于世者,不采为标目(Heading)之名称与采为标目者,施以参照。

十九—(凡小说,戏曲,诗歌等,往往据书名而检索,故宜就其书名与著者,施以参照。)

二十一—(从其他所著之书名。)

二一—(无著者姓名,则从书籍题名中之用语。)

二二—传记书类,则从主人之公名。

二三—分期刊行物中,有称编辑者之名者,则从其编辑者之名。

二四—从重要之翻译者(如诗歌之翻译者)及注释者之名。

二五—从宗教上贵显之称号,但限于本书用此称号者。

二六—其他为便于检索计,均宜施以参照。

(二)标目:

一—以书名为标目时,著者姓名必须明列,且宜从著者之国语。惟腊丁语最为通行,可径用腊丁语。其用他国语者,则加括弧以为别(又法王及国君,均可用一定之英语)。

二—英法语姓名中,以前置语(法语除及)始者,则并前置语记入,英法以外国语,则记入前置语以后之语。

三—英语之复合姓名,宜记其中最后一部分;他国语则记最初一部分。

四—就国名著者,明彼此之区别,宜与以相当之注意。

五—(表示著者阶级或职业之前置语,宜加记标目之中。)

(三)书名:Title

一书名所用表题纸(Title page),以精密确实为佳,不可加入订正,翻译,变更等事。但格言,著者学位,称号等重复事项,及一切不要紧者,可省略之。

示精密之必要,于可省事项宜用三点、、、为识。古书或罕见本等之书名,宜精密记列;假令其缀字与近代形式有异者,可一切照原形记之。

二为明了书名之故,补入之附加,宜用括弧,示与本文有别。

三大字(Capital letter)用法,宜据规定。

(四)出版事项(Imprint):

书名之后,应列事项,可按下记之顺序,但有〔〕者可随意。

一．出版次数(Edition)。

二．出版地。

三．出版者姓名。

以上三件与书名同,均用国语记列。

四．出版年,用亚刺伯数字。

五．〔版权许可之年,如知实际出版年,与表题纸之出版年有异者,则以 C(Copyright 之略)置诸版权许可年之前;以 P(Actual publication 之略)置诸实际出版年之前。〕

六．册数(如只一册,则按其页数)。

七．(地图,肖像,及不含于文中之插画。)

八．大小:〔表示大小有二法:(甲)按纸之折数,示其大略,如 120,80,40 等;(乙)"用生基米突"精细表示,就图幅而言,必用"生基米突"纵横表示,其法式如下:125 × 87Cm。〕

九．属于该书籍系统(Series)之名称,于前记诸项既终后,记入括弧之内。

十.(古书之出版地与印刷地有异者,宜于出版地后,记其印刷地。)

十一.(页数:书中各部最后页,可用"十"之符号连续之;无页数之部分,则计算其页数,记入括弧( )内。若有三数以上之页数,则合之而示其通计亦可。)

十二.书籍出版事项,宜据本书籍,或由他资料而得知之事实,通例,据表题纸采用者(即出版之次数出版地〔出版者姓名〕及丛书名)。书名宜从其国语。若有订正及附加语,可记入括弧内(地图肖像等语,及册与页之略语,均可用英语记列)。

(五)目次(Content)及备考(Notes):

备考(用英语记载)及目次,宜记其与书籍有关者,均可用小形之字。

(六)杂伴:

一.单线(Single dash):示前行标目之省略,其下单线则示省略第二标目者。

二.连积数字之单线示起讫之意,数字以后之单线,示继续之意。

三.一语或一记列之后加?符号者,乃表示推定及存疑之义。

四.括弧示书名或出版事项之添加,或形式上之有变更(此所谓括弧者〔〕是也)。

五．数字宜用亚剌伯文,惟国君,侯,伯及法王名之后所用数字(即第某世之意),常用小形之罗马数字。

六．目录编纂上所用略语宜别据定。

七．排列(arrangement)

一．仅有姓者宜置诸兼有名者之前。

二．仅有名之首字者宜置诸同一首字而不全名者之前(但同一人物不在此限此等处详悉之方宜有一定)。

三．前置语(Prefix)N. M.,Mc.,S.,St.,Messrs.,Mr.,Mrs.,即 Mac,Sanctus,Saint,Messieurs,Mistress 之省略宜悉照排列。

四．一人之著述宜按下例顺序排列之。

甲　全集

乙　一部分之地

丙　个个之著述宜除冠词用书名之初语顺序排列

五．"字母"当按英语之顺序。

六．人名可排列于同样地名之前,地名可排列于同样书名初语之前。